当代大学生就业与
创业指导新论

王明华　著

中国原子能出版社

图书在版编目（CIP）数据

当代大学生就业与创业指导新论 / 王明华著.

北京：中国原子能出版社，2024. 6. -- ISBN 978-7

-5221-3464-2

Ⅰ. G647.38

中国国家版本馆 CIP 数据核字第 2024EL2334 号

当代大学生就业与创业指导新论

出版发行	中国原子能出版社（北京市海淀区阜成路 43 号　100048）
责任编辑	杨　青
责任印制	赵　明
印　　刷	北京金港印刷有限公司
经　　销	全国新华书店
开　　本	787 mm×1092 mm　1/16
印　　张	12.25
字　　数	182 千字
版　　次	2024 年 6 月第 1 版　2024 年 6 月第 1 次印刷
书　　号	ISBN 978-7-5221-3464-2　　　　定　价　72.00 元

发行电话：010-68452845　　　　　　版权所有　侵权必究

前　言

为了适应新形势的发展需要，提升大学生的就业创业能力，近几年，各地高校有针对性地开设了形式多样的职业生涯规划与就业指导课程，这对帮助大学生树立正确的职业观、掌握就业技能、实现就业起到了积极的作用。大力开展大学生创新创业教育，目的在于培养大学生的创业意识，通过传授创业知识，为大学生可能的创业行为打下基础，发挥好高等教育在创新型、创业型人才培养方面的主阵地作用。

本书内容共分为六章。第一章为当代大学生就业创业新趋势，主要介绍了三个方面的内容，依次是经济发展进入新阶段、大学生就业的形势与政策、大学生创业新趋势。第二章为大学生就业的准备，包含有三个方面的内容，依次是大学生自我认知、大学就业的心理准备、大学生职业生涯规划。第三章为职业选择与职业发展新路径，主要介绍了三个方面的内容，依次是职业选择与个性的关系、转变就业观念、探寻职业发展新路径。第四章为当代大学生创业概述，主要介绍了三个方面的内容，依次是大学生创新精神培育、当代大学生创业的环境、创业精神与创业者的素质要求。第五章为当代大学生创业实践，包括四方面的内容，依次是当代大学生创业能力的培养、当代大学创业项目选择新路径、当代大学生创业的基本实施程序、当代大学生创业风险管理。第六章为当代大学就业创业新探索，分别对就业创业与思想政治教育、构建当代大学生就业创业育人新形式进行介绍。

在撰写本书的过程中，笔者得到了诸多专家、学者的帮助与指导，参考了大量的学术文献，在此表示感谢。本书内容全面，条理清晰，但由于笔者水平有限，书中难免会有疏漏之处，希望广大读者及时指正。

前　言

目　录

第一章　当代大学生就业创业新趋势

本章为当代大学生就业创业新趋势，结合当前经济发展的现状和趋势，分为两个小节进行介绍，分别是大学生就业的形势与政策和大学生创业新趋势。

第一节　大学生就业的形势与政策

一、大学生就业形势

（一）大学生就业现状

1. 大学生就业压力大

根据教育部发布的信息，2019 年高校毕业生人数达到 834 万，超过 2018 年的 820 万；2022 届高校毕业生规模达 1 076 万人，同比增加 167 万。专家预测，在未来五年内，高校毕业生就业形势将更加严峻，"更难就业季"会不断刷新。高校毕业生数量逐年增长，毕业生的就业形势日趋严峻，呈现出以下特点。

（1）大学毕业生由"精英"走向"大众"。根据西方经济学中的稀缺性原理，高等教育进入大众化时代，大学生不再是稀缺资源，他们和其他社会层次的就业人员一样，不再占有明显优势。

（2）大学生就业市场进一步由"卖方"走向"买方"。在就业中，大学生处于劣势地位，用人单位处于优势地位，就业市场由"卖方"走向"买方"，大学生薪酬水平下降。

（3）大学毕业生初期就业率较低。高校毕业生数量逐年增长，但初期就业率较低。

2. 多就职于民营企业

通过对毕业生的追踪调查能够看出，绝大多数毕业生在民营或私营企业工作，在事业单位工作的毕业生数量最少，国有企业也相对较少。

尽管大部分毕业生对从事机关事业单位的工作抱有浓厚兴趣，但实际操作起来存在一定挑战。当前，全国范围内的机关事业单位普遍实行招考制度，随着报考公务员的人数逐年攀升，学历要求同样也逐步有了提升，因此大学生大多还是进入民营企业工作。同时，中国城市范围也在慢慢扩展，民营企业这几年得到了很多政策的扶持，发展十分迅速，成了大学生的主要就业选择。

3. 毕业生的薪酬较低

因为新毕业的学生实践技能不足，难以完全与工作岗位的要求相匹配，因此初期收入较低。然而，当工作时间越长、经验积累及能力的进一步提升，晋升为企业的正式职工之后，薪资会相应增加。

4. 频繁"跳槽"现象突出

毕业生频繁更换工作岗位已成为常态，尽管"跳槽"可以更快积累经验、提升能力，得到期望的薪酬，然而，"跳槽"次数增多会造成用人单位在招聘时对学生的专注能力持有怀疑态度。因此，频繁"跳槽"在毕业生求职时会产生一定负面影响。

5. 就业区域偏向于经济发达的省市

在对毕业生进行调研时发现，很多大学生毕业之后更倾向于留在城市，他们选择在工作条件良好、经济繁荣的地方就业，而对返回经济相对滞后的乡镇则兴趣不大。

6. 知识结构陈旧让大学生学无所用

现在已经进入知识经济时代，学生在大学学到的知识已经远远不够用。大学生就业后的实际知识应用率不足四成，而且多数学生学过的知识转化不出来，不能变成自己在岗位上的实际能力。

（二）影响大学生就业的因素

1. 学校因素的影响

（1）部分高校的专业设置相对过时，受到硬件约束与师资队伍的制约，无法紧跟社会发展并实时进行调整与改革，同时就业市场当中一些原有的专业已经达到饱和状态，毕业生难以迅速谋得职位。

（2）部分高校的课程设置存在一定问题。有些院校过于偏重专业理论教育，忽视实际操作，觉得学生仅仅掌握专业的理论知识就可以了。这样学生在实践中的应用能力和跨领域应用能力相对欠缺，一旦遇到在学校没有学过的内容，学生便会变得茫然无措。高校培养的学生不仅应该具备扎实的理论知识和技术应用能力，还应该具备出色的现场管理能力及创新意识。

2. 择业期望值的影响

在就业选择的过程中，部分学生的期望值设定较高，希望在工作氛围优越、薪资丰厚的大城市中就业，进入知名企业，不然就闲居在家。高校毕业生对就业的期望往往过于理想化，会因为适合的工作与自己的理想工作环境不相符合而拒绝，而那些理想的工作又可能因为自身无法胜任而错失。

3. 毕业生自身素质的影响

目前，院校面临的主要问题是学生层次的下降。自大学扩招后，高职院校的录取分数线逐年降低。分数虽然不能代表能力，但在一定程度上也反映了高职院校录取的学生学习能力与素质修养的普遍下降。根据教育部《关于全面提高高等职业教育教学质量的若干意见》的精神，高职院校需要将学生培养成为具有一定的社会适应性，有学习能力，能够交流沟通和进行团队协作，具有实践能力、创造能力、就业能力和创业能力的人才。由于学生综合素质的下降，达到这些目标具有一定的困难。

（三）当前大学生的就业趋势

1. 报考公务员与研究生持续火热

2019 年国考有 137.93 万人通过报名资格审查，平均竞争比为 95∶1，竞争比历年最高。大学校园中的公务员热已经不再是"局部过热"，随着公务员考试发展的日渐成熟，考生报考也更趋理性。未来几年，国家公务员考试报名人数可能会下降，但幅度不会很大，实际平均竞争比将稳定在 40∶1 至 50∶1 之间。在公务员考试热的同时，考研也在逐年升温：据教育部公布的数字，2009 年研究生报考人数为 124.6 万人，而在 2001 年还只有 46 万人，近十年来，每年考研的报名人数均在 120 万以上，2019 年达到了 285 万，2022 年考研人数官方公布为 457 万。

2. 选择新兴工作方式

自 20 世纪 90 年代以来，互联网在全球范围内迅速发展。知识工人、全球经济、学习型组织、虚拟工作场所、小型创业型企业、SOHO、威客、自媒体等都体现出工作方式的改变。

SOHO（自由职业者），是英文 Small Office Home Office 的缩写，就是单独办公、家里办公的意思。SOHO 是对自由职业者的另一种称谓，同时也代表一种自由、弹性大且新颖的工作方式。

3. 基层就业

基层就业就是到城乡基层工作。国家近几年出台了一系列优惠政策鼓励高校毕业生积极参加社会主义新农村建设、城市社区建设和应征入伍。基层就业避免了大学生竞争过于激烈的情况，可以全面地锻炼一个人的能力，这对于一个刚刚走出校园的毕业生来说非常难得。经过基层锻炼的人，今后在职业发展道路上或者在管理岗位上能够更有针对性地开展工作。

4. 自主创业

"就业难"引发了"创业热"，如今创业的大学生越来越多，这部分大学生通过创业实现就业。一个创业能力强的大学毕业生不但不会背负就业的压力，相反还能通过自主创业增加就业岗位，以缓解社会的就业压力。大学生创业的最大好处在于能提高自己的能力，增长社会实践经验，学以致用。

为了促进大学生创业，各级政府已经颁布了许多相关的优惠政策，这些政策涉及融资、税务、创业相关培训与指导等多个方面。

二、大学生就业政策

就业政策是我们搞好就业工作的指南和依据。大学毕业生如果认真了解国家和各级政府对当前就业工作的要求和相关的政策，就会在就业过程中更好地找准自己的位置，使自己顺利就业。

目前我国的就业制度可归纳为：国家计划统招毕业生在国家规定的时间、范围内，一般通过供需见面、双向选择、自主择业的方式落实就业单位，逐步实现"建立以市场为导向、政府调控、学校推荐、学生与用人单位双向选择"的就业机制。大学生就业制度的改革总体思路是以市场为导向，引入竞争机制。同时，国家应根据国民经济的发展状况对大学生的就业给予必要的宏观指导和调控。

大学生就业具体政策和规定是对就业总政策的细化，更加贴近实际，更具操作性。近年来，国家针对毕业生就业推出的政策可归纳为以下几个方面。

（一）鼓励高校毕业生到城乡基层就业

2003 年 6 月，团中央、教育部、财政部、人事部发布《关于实施大学生志愿服务西部计划的通知》（中青联发〔2003〕26 号），招募毕业生到西部贫困县、乡镇从事 1～2 年教育、卫生、农技、扶贫及青年中心建设等志愿服务，享受交通补贴和人身意外伤害、医疗保险等，计算工龄，考研或考公务员加分、优先录取。2006 年 2 月，中组部、人事部、教育部等发布《关于组织开展高校毕业生到农村基层从事支教、支农、支医和扶贫工作的通知》（国人部发〔2006〕16 号），每年招募 2 万名毕业生到乡镇从事 2～3 年支教、支农、支医和扶贫工作。到艰苦地区、行业基层工作，实行助学贷款代偿；给予生活、交通补贴，办理人身意外伤害和住院医疗保险；团县委选拔 1～2 名兼任乡镇团委副书记；计算工龄，考研初试加 10 分，考公务员优先录用。2009 年 2 月，教育部、财政部、人力资源和社会保障部、中央编办发布《关于继续组织实施"农村义务教育阶段学校教师特设岗位计划"的通知》（教师〔2009〕

1号），将实施范围扩大到中西部国家扶贫县，鼓励 3 年聘期结束的特岗教师继续从事农村教育，要求建立数据库，加强动态管理。2023 年 4 月，国务院办公厅印发《关于优化调整稳就业政策措施全力促发展惠民生的通知》，要求稳定"三支一扶""西部计划"等基层服务项目招募规模，实施"大学生乡村医生"专项计划，做好 2023 年高校毕业生到城乡社区就业创业工作等，引导鼓励更多 2023 届高校毕业生赴基层就业。

相关政策可概括为以下要点。

（1）不同地区应根据城镇化发展的进展程度与公共服务均等化方面的要求，充分发掘教育、就业、医疗等各种基层公共管理与多种服务领域的就业机会，为高校毕业生提供就业机会。

（2）各地区可以结合推动农业科技创新等，鼓励更多的学生毕业后参与现代农业领域相关工作。

（3）继续协调并落实毕业生开展"三支一扶"等多种基层服务计划，同时对相关的服务保障机制进行完善。对于选择到中西部地区与偏远地区县以下的基层单位工作的学生，将给予一定的补偿制度，并落实好助学贷款代偿政策的实施。

（4）对于选择在中西部地区与艰苦偏远地区县以下基层单位进行专业性技能工作的学生，在进行职称的申报条件中，可相应免除参加职称外语考试，也可降低外语成绩上的标准。

（5）充分挖掘社会组织吸纳高校毕业生就业潜力，对到省会及省会以下城市的社会团体、基金会、民办非企业单位就业的高校毕业生，所在地的公共就业人才服务机构要协助办理落户手续，在专业技术职称评定方面享受与国有企事业单位同类人员同等待遇。

（二）鼓励小型微型企业吸纳高校毕业生就业

《关于进一步做好新形势下就业创业工作的意见》（国发〔2015〕23 号）、《关于做好 2014 年全国普通高等学校毕业生就业创业工作的通知》（国发

〔2014〕22 号）、《关于做好 2013 年全国普通高等学校毕业生就业工作的通知》（国办发〔2013〕35 号）、《关于进一步支持小型微型企业健康发展的意见》（国发〔2012〕14 号）和《关于进一步做好普通高等学校毕业生就业工作的通知》（国发〔2011〕16 号）等文件规定，可概括为以下要点。

（1）所有地区与相关部门应当切实贯彻文件的精神，积极营造有利于小型微型企业进步的条件，促进这些企业在转型升级的时候能够为大学生提供更多的就业机会。

（2）针对那些雇佣毕业生数量达到标准的中小企业，地方财政部门应当优先考虑划拨专项资金以支持其发展，并在贷款方面优先给予技术改造贷款的贴息支持。

（3）针对劳动密集型小企业，如果他们在同一年内雇用了登记失业的毕业生，数量达到企业现有在职职工总数的 30%（对于拥有超过 100 名员工的企业，比例为 15%以上），并与这些毕业生签订了 1 年以上的劳动合同。这些企业将有资格按规定申请小额担保贷款，最高额度为 200 万元，并且还能够享有贷款金额 50%的财政贴息支持。

（4）对于选择在中小企业工作的大学生，在专业技术职称评定、科研项目经费申请等方面，应获得与国有企事业单位同等岗位人员一样的待遇。

（5）如果科技型小型微型企业招收了一定比例的高校毕业生，他们有资格申请小额担保贷款，最高额度为 200 万元，并且能够有财政提供的贴息支持。

（6）针对那些雇佣大学生并进行规定的岗前培训的小型微型企业，每个地区都应该依照着本地的物价标准提升培训费用的补贴水平。

（三）国家对引导国有企业吸纳高校毕业生就业的政策

《关于进一步做好新形势下就业创业工作的意见》（国发〔2015〕23 号）、《关于做好 2014 年全国普通高等学校毕业生就业创业工作的通知》（国发〔2014〕22 号）、《关于做好 2013 年全国普通高等学校毕业生就业工作的通知》（国办发〔2013〕35 号）和《关于做好 2013—2014 年国有企业招收高校毕业生工作有关事项的通知》（国资厅发分配〔2013〕37 号）等文件规定，可概括为以下要点。

（1）那些肩负对口支援西藏、青海、新疆任务的中央企业，在推进援助项目的同时，应主动纳入本地区的大学生，增加其就业机会。

（2）倡导设立国有企事业单位公开招聘相关政策，让招聘的相关信息、流程与结果都能公开透明。

（3）对于国有企业招聘应届高校毕业生而言，在特殊情况如涉密岗位之外，应当采取公开招聘方式。招聘信息需要于政府官方网站上公开发布，学生报名的期限应该为 7 天内；并需要公示拟聘用人员，设立确切的监督渠道，结果公示的时间同样也是 7 天内。

（四）企业招收就业困难高校毕业生享受的优惠政策

根据《关于进一步加强就业专项资金管理有关问题的通知》（财社〔2011〕64 号）规定，针对单位招聘具备条件的就业困难的大学生，并跟这些学生签订了劳动合同且为他们缴纳了社会保险的，将根据为他们实际缴纳的保险费用提供一定程度的补贴，这一补贴范围不涵盖单位与个人应该上交的其余的社会保险费。

根据《关于进一步支持和促进重点群体创业就业有关税收政策的通知》（财税〔2019〕22 号）及《关于延长部分扶贫税收优惠政策执行期限的公告》（财政部、税务总局、人力资源社会保障部、国家乡村振兴局公告 2021 年第 18 号）的规定，自 2019 年 1 月 1 日至 2025 年 12 月 31 日，企业招聘在人力资源社会保障部门公共就业服务机构登记失业半年以上且持《就业创业证》的人员，与其签订 1 年以上期限劳动合同并依法缴纳社会保险费的，自签订劳动合同并缴纳社会保险当月起，在接下来的 3 年内，根据实际招用的员工数量，逐年对企业的增值税、城市维护建设税、教育费附加、地方教育附加及企业所得税实行定额扣减，以实现税收优惠。

依照《中华人民共和国就业促进法》相关标准，就业困难人员指的是因健康因素、职业技能、家庭背景等原因，不容易求得工作的人员，或者失业有段时日依旧不能够成功求职的人员。其具体范围会根据各省、自治区、直辖市人民政府的具体情况作出相应的决定。

社会保险补贴申请材料应附：符合享受社会保险补贴条件的人员名单及《身份证》复印件、《就业创业证》复印件、劳动合同等就业证明材料复印件、社会保险征缴机构出具的社会保险费明细账（单）、企业（单位）在银行开立的基本账户等凭证材料，经人力资源社会保障部门审核后，财政部门将补贴资金支付到企业（单位）在银行开立的基本账户。

企业（单位）应当按季度将符合获得社会保险补贴的这些员工的缴费状况进行专门整理，然后向人力资源和社会保障的相关部门提出补贴申领。申请社会保险补贴的时候，需要提交以下材料：符合享受社会保险补贴条件的人员名单及《身份证》复印件、《就业创业证》复印件、劳动合同等就业证明材料复印件、社会保险征缴机构出具的社会保险费明细账（单）、企业（单位）在银行开立的基本账户等凭证材料。这些都需要经过人力资源社会保障部门的核查与核对，完毕后再由财政部门把相应的补贴费用转到企业（单位）的银行账户里面。

（五）企业为高校毕业生开展岗前培训享受的优惠政策

按照《关于做好 2014 年全国普通高等学校毕业生就业创业工作的通知》（国发〔2014〕22 号）、《关于进一步加强就业专项资金管理有关问题的通知》（财社〔2011〕64 号）等文件规定，企业在雇佣大学生的时候，倘若劳动合同的签订在 6 个月以上，在这 6 个月内，企业借助政府承认或其依托的培训机构对大学生进行上岗前的技能培训，并接受大学生培训结束后继续工作的，就能够根据本地确定的职业培训补贴标准的规定的比例，享受定额职业培训补贴。

企业计划进行岗前培训时，应向当地人力资源社会保障部门备案，提供培训过程中的计划大纲、人员名单、员工身份证复印件相关等资料。培训结束后，依照员工进行工作的状况，企业可申请职业培训补贴。经过人力资源社会保障部门的审核，财政部门会依照相关的要求把补贴款项转进企业银行账号里。在申请职业培训补贴时，企业需提供培训人员名单、身份证复印件、就业创业证复印件、劳动合同复印件及职业培训合格证书等相关证明材料。

（六）高校毕业生从企业到机关事业单位就业后工龄的计算

按照《关于进一步做好普通高等学校毕业生就业工作的通知》（国发〔2011〕16号）等文件规定，高校毕业生从企业、社会团体到机关事业单位就业的，其按规定参加企业职工基本养老保险的缴费年限合并为连续工龄。

（七）高校毕业生到中小企业就业在当地落户的政策

按照《关于做好 2014 年全国普通高等学校毕业生就业创业工作的通知》（国发〔2014〕22 号）、《关于做好 2013 年全国普通高等学校毕业生就业工作的通知》（国办发〔2013〕35 号）文件规定，应该对高校毕业生的就业流程进行简化处理，不再因为地区、单位的流动就业导致制度性障碍影响就业。切实落实允许包括专科生在内的高校毕业生在就（创）业地办理落户手续的政策（直辖市按有关规定执行）。

2022 年，国务院办公厅发布《关于进一步做好高校毕业生等青年就业创业工作的通知》（下称《通知》）。在这份通知中，明确提出了对高校毕业生的支持措施，包括鼓励他们自主创业，并按照规定提供一次性创业补贴、创业担保贷款、利息优惠及相关税费减免等政策。

省会及以下城市应当放宽高校毕业生落户的标准，并对相关流程进行简化处理。要想办理落户手续，应届毕业生只需提供毕业证书、毕业生就业报到证及就业协议书或劳动合同；对于非应届毕业生，只需提交与雇主签署的劳动合同及毕业证书。对于毕业工作于小型微型企业就业的学生及进行自主创业的学生，其档案能够交给本地的市、县级公共就业人才服务机构来进行免费管理。此外，办理大学生档案的转递过程，转正定级与调整改派手续，也不再是接收审核档案的必须准备的资料。

（八）激励高校毕业生自主创业

2003 年 6 月，《关于切实落实 2003 年普通高等学校毕业生从事个体经营有关收费优惠政策的通知》（财综〔2003〕48 号）指出，高校毕业生如果选择进行个体经营，首年可以免除个体工商户注册登记费、工商管理费等相关行政事业性缴纳款项。2004 年 4 月，《关于积极推进"中国青年创业行动"，促进青年就业的意见》（中青联发〔2004〕13 号）由共青团中央与劳动和社会保障部联合颁布，要求为创业者提供创新创业支持，改进创业的环境，每年辅导 20 万名年轻人熟悉创业技能，协助 5 万名年轻人创办企业，并共同创造 30 万个就业机会。《中华人民共和国就业促进法》于 2007 年 8 月发布，坚持劳动者自主择业、市场调节就业、政府促进就业的方针，该法规强调将增加就业机会置于重要地位，采取积极的就业政策，推动经济的发展与产业结构的调整，规范市场秩序，调整就业服务体系，注重职业方面的培训，提供就业支持，鼓励自主创业，这为大学生的就业奠定了法律基础。2010 年 5 月，教育部《关于大力推进高等学校创新创业教育和大学生自主创业工作的意见》（教办〔2010〕3 号）明确，对创新创业教育课程要进行加强管理，注重师资队伍的构建，同时构建监测跟踪机制，对理论性知识进行加强，增加费用的投放，注重创业相关培训措施，提升创业信息服务水平，加强创业实训地的建设。同月，《关于实施大学生"创业引领计划"的通知》（人社部发〔2010〕31 号）由人力资源和社会保障部联合发出，计划在 2010 年至 2012 年期间，引导创业的大学生人数达到 45 万人，创建虚拟企业、数字化实训平台，并组织竞赛方面活动；给予注册资金优惠、小额担保贷款、税费减免等政策；设立大学生创业项目数据库，成立导师团队和创业社群等沟通平台；设立一系列大学生创业园区，提供经济实惠的经营场地和企业孵化支持。当前，相关规定可以归纳为以下主要内容。

（1）自 2014 年至 2017 年，全国范围内推行大学生创业引领计划，通过提供创业支持、实施创业扶持政策，让大学生增强创业本领，鼓励越来越多的大学毕业生投身于自主创业中，慢慢增加高校毕业生的创业比重。

（2）不同地区都应该实行一定的措施，保证具备资格的大学毕业生均可以获得创业指导与培训、融资支持、税收优惠等多种服务与相关的政策优惠。

（3）高校应积极推进广泛的创新创业教育，把创业课程归到学分体系，同时，相关部门应开发与大学毕业生特征相契合的创业培训的课程，并根据实际需要，展开有针对性的培训学习，让大学毕业生的创业意识与能力都能够有所提升。

（4）各地公共就业人才服务机构要为自主创业的高校毕业生做好人事代理、档案保管、社会保险办理和接续、职称评定、权益保障等服务。

（5）不同地区及相关部门应持续深化与完善工商登记、税费减免等创业扶持的相关政策。同时，将大学毕业生创业企业方面的出资方式进行扩展，并将工商注册登记流程进行简化。

（6）积极促进各地充分发挥现有资源优势，建设大学生创业园、创业孵化基地及小型企业创业的基地，为大学毕业生提供必要的创业场所与运营支持。

（7）针对由大学毕业生建立的小型微型企业，按照规定充分执行减半征收企业所得税等税收优惠的相关政策。

（8）从事个体经营的高校毕业生和毕业年度内的高校毕业生，按规定享受相关税收优惠政策。

（9）对于留学回国的大学毕业生如果想要进行自主创业，但凡满足条件的，均能够享受现行的高校毕业生创业支持政策。

（10）银行与金融机构应积极创新与大学毕业生创业实践需求相匹配的一些金融产品与服务方法。遵循风险可控与方便毕业生享受政策的相关原则，将贷款的门槛降低，简化并完善贷款过程中的审批程序，进一步提高审批速率。借助进一步完善抵押、质押、联保等各种方式，为毕业生提供多样化的解决担保难题的途径，真正贯彻执行银行贷款和财政贴息政策。

（11）对于那些在电子商务网络平台上开设"网店"的大学毕业生，提供小额担保贷款与贴息政策的支持。

（12）充分运用中小企业发展专项资金，主动优化创业环境。鼓励各方，包括企业、行业协会等，通过多元的方法向想要进行自主创业的大学生给予财务支持。建立特定的天使投资与创业投资基金，专门支持高校毕业生的创业活动。

（九）促进离校未就业高校毕业生就业

（1）不同地区应将尚未找到工作的大学毕业生纳入公共就业人才服务的范畴中，并切实实行有效的方法，努力让想要找到工作的大学生在毕业后的半年内能够有工作或在就业的准备过程中。

（2）相关部门与各高校应紧密合作，确保没找到工作的大学毕业生在离开校园前后的信息衔接对接情况及服务延续的有效实施，确保服务不会产生中断。教育部门有责任及时将那些想要找到工作的大学生的真实身份信息提供给人力资源社会保障部门，并建立一个包含离校未就业大学毕业生实名信息的数据库，以全面实施实名制的就业相关服务。

（3）在各级公共就业人才服务机构与基层就业服务平台上，应同已经实名登记但仍未找到工作的大学生主动联系，深入了解他们就业方面的相关需求，从而给予与其相匹配的就业支持。同时，教育部门与高校也应该对它们实施后续跟踪工作，为它们提供职位信息与招聘求职方面的指导内容。

（4）针对当地产业未来的发展状况与大学毕业生的实际就业见习志愿情况，地区应对就业见习范围进行扩宽，让见习的质量得以提高，从而让所有想要见习的大学生均可以拥有机会参与见习。同时，应根据当地物价水平，适度提高见习人员在见习期间的基本生活补助标准。对于在见习期间参加职业培训的毕业生，依照现行政策提供职业培训补贴。

（5）各地区应持续推进没有找到工作的大学毕业生专项技能就业计划，同时跟本地的产业发展状况及毕业生对工作的需求状况进行结合，创新职业培训课程，增强培训的目标导向和实际效果。在大学毕业生汇集较多的地区，应加强建立适应他们特点的职业技能公共实训中心。国家级重点技工院校和培训实力雄厚的职业培训机构，要选择一批适合高校毕业生的培训项目，及时向社会公布。

（十）加强就业指导和服务

在 2007 年 12 月，教育部发布了《大学生职业发展与就业指导课程教学要求》（教高厅〔2007〕7 号），明确指出高等院校中应增设课程"职业发展与就业指导"，在师资队伍的建设上应更具专业化、更具职业化，以确保就业指导在高校内成为一项例行、规范的工作。劳动和社会保障部颁发《关于做好2007 年高校毕业生就业有关工作的通知》（劳社部发〔2007〕13 号），指出公共就业服务机构应免费提供职业介绍支持，同时执行劳动保障代理职责；特别关注长期失业或家庭困难的大学毕业学生，首先安排他们参与见习计划，包括职业资格认证、培训，以及见习津贴等方面的支持；强化市场监管，对失业数据统计进行完善与提升，根据劳动法相关的标准，为他们带来多样福利待遇与一定程度的保障。当今，与之有关的规程总结如下。

（1）根据不同地域、相关部门及各所高校毕业生的特点和就业需求，对服务模式进行创新，优化服务手段，提高服务水准，让越来越多的大学毕业生能够借助市场机制成功找到工作。

（2）增强在线信息支持，构建完善的全国公共就业信息平台，加速实现跨地区招聘信息互联互通，进一步拓展网络招聘范围，为雇主的招聘活动与大学毕业生的职业探索给予高效与便利的就业信息支持。

（3）推进校园内的公共就业人才服务活动，为大学毕业生提供政策咨询、职业指导、信息传递等支持，尤其要确保毕业生了解取得就业的相关政策与招聘岗位的途径。

（4）精心策划民营企业招聘周，举办高校毕业生就业支援月、就业周，联合一些大中城市举办针对大学毕业生的专场招聘活动，并且每个季度定期举办全国高校毕业生在线招聘月等特色活动，建立信息交流平台，积极推动需求与供应的对接。

（5）大学应多注重就业指导课程的开展与相关学科的发展，主动邀请专家与学者、一些企业当中的优秀人力资源经理、成绩优异的校友担任就业方向的导师。

（6）各个地区与各个高等院校应该对无工作人员的家庭、城乡低保家庭的面临就业困难的大学生给予重点关注，积极采取重点帮扶措施。

（7）要在高校毕业生离校前，将享受城乡居民最低生活保障家庭的毕业年度内高校毕业生的求职补贴全部发放到位，求职补贴标准较低的要适当调高标准。

（8）每个地区依照当地实际状况，鼓励把残疾毕业生归到享受求职补贴的范畴中。同时，党政机关、事业单位与国有企业在招聘中优先考虑录用残疾高校毕业生并起到表率作用。

（十一）创造公平就业环境

以下是有关创造公平就业环境的政策概括。

（1）地方各级政府和相关部门应主动行动，实现就业的公平性。雇主在招聘员工时，不应该有民族、性别等各种歧视，也不能把毕业学校当成招聘的限制要求。省会城市及其下属城市的雇主，在招聘应届毕业生时，不应当以户籍作为限制性条件。

（2）国有企业在对应届大学毕业生进行招聘过程中，一些特殊的涉密职位除外，其他均应当采取公开招聘的方式。相关招聘信息应该在政府官方网站上以公开形式发布，报名期限不能够低于 7 天；对拟聘用的大学生必须公示，确立透明的监管途径，公示时限不得低于 7 天。

（3）每个地域与相关的部门都需采取严格措施对不合规的中介及虚假招聘的行为进行打击，同时按照法律规定纠正求职歧视的问题。针对企业用工状况要增强监管力度，对于未能按时支付工资等各种违规现象，要立即采取处理措施，确保维护他们的合法权益。

（4）各地区、各有关部门要消除高校毕业生在不同地区、不同类型单位之间流动就业的制度性障碍。省会及以下城市要放开对吸收高校毕业生落户的限制，简化有关手续，应届毕业生凭《普通高等学校毕业证书》《全国普通高等学校毕业生就业报到证》、与用人单位签订的《就业协议书》或劳动（聘用）合同办理落户手续；非应届毕业生凭与用人单位签订的劳动（聘用）合同和《普通高等学校毕业证书》办理落户手续。

（5）高校毕业生若工作在小型微型企业，或者是进行自主创业，他们的档案就能够通过地方的公共就业人才服务机构来进行保存与管理，且是免费的。

第二节　大学生创业新趋势

一、"互联网+"引领创业发展新趋势

如何领先全球智能制造，在未来的世界经济角逐中占有一席之地，是当下中国制造业面临的挑战。大学生身处高校象牙塔，是未来国家事业的承担者，只有全身心投入，开展创新创业研究与实践，才能实现更大的人生价值。产业互联网需要智能化生产、智能化管理、智能化运输、智能化服务，这是一场前所未有的变革，需要用代码对万物进行重新设计，实现信息对接、传输、分析、处理、判断和指令。

"十三五"之后，我国数字经济提升迅猛，推动着经济发展。数字经济的创新与创业持续活跃，不断涌现新科技、新模式和新业态，数字企业兴起快速，数字技术和实体经济整合的程度也在不断加深。在"十四五"期间，中国数字经济应看准科技革命与产业变革的时机并牢牢把握，冲向全球价值链高端，实现更高、更快的进步。在数字产业链中，要突破基础性技术瓶颈，如芯片等，并且不能够过分依赖国际供应链，走出受制于人的境地。同时，

也应该努力在颠覆性科技创新、战略性的新兴产业与将来的产业中取得世界领先地位。

从 1994 年至今，中国消费互联网走过了 30 年光辉历程，成就了京东、美团等互联网巨头，移动支付、外卖、互联网金融、购物等各种服务在网上应有尽有。移动互联网的网民超过 10 亿人，移动消费（手机端消费）已经成为中国老百姓的日常生活消费方式，并全面领先世界。

然而消费互联网的全面普及与产业互联网的起步之间还存在较大鸿沟，消费端与产业端发展还不平衡。针对这一现象，国家全力推进数字化经济，打通消费端与产业端，实现线上线下一体化，消费端与生产端源头一体化，消费者可以直观体验生产产品，去掉中间商各环节，实现 C2B 的商业模式。依托大数据，真正实现个性化、订单化生产消费，实现以销定产的新生产模式。

数字经济技术与实体经济的整合深度融合，带来了我国数字经济发展的全新机遇，助推产业升级转型，同时也有望孕育新的大型高科技企业。大学生创新创业项目要紧紧围绕数字化技术研发、数字化经济发展方向，消除消费互联网与产业互联网的鸿沟，满足人民日益增长的美好生活需要。

二、专创融合成为创业人才培养新趋势

《国家中长期人才发展规划纲要（2010—2020 年）》强调，我国与发达国家在人才方面存在一个主要差距，即缺乏高层次的创新人才。高校是创新知识与技术的关键平台，肩负着培养拥有创新技能与科技专业知识人才的重担，但是如何推动创新教育和专业教育的融合共进、让专业教育与创新教育在质量方面得到提升，一直是高等教育专注解决的核心问题。随着国家提出创新驱动发展战略，深入探讨创新教育与专业教育的整合发展也越发值得关注。

2015 年，《关于深化高等学校创新创业教育改革的实施意见》发布，之后教育部采取了多项有效措施，如设立创新创业基地、举办大赛等，培养学生的创新创业意识与自主创业方面的能力，已成为大学生规划职业生涯与终身进行学习的重要保障，也符合现今企业雇佣的方向。要提高创业素质，就需

要将创业教育与专业知识、产业需求相结合，根据社会企业的实际需求，深入融合专业教育和创业教育，通过专业知识和创业技能的有机结合，鼓励学生由课程听众逐步转变为主动的参与者与实践者。

专业教育是创新创业教育的支撑，创新创业教育在培养人才方面为专业教育提供了有力的补充。把创新创业教育同专业教育进行整合，才可以真正让我国高校在创新创业人才的培养方面有所提升。然而，当今高校创新教育侧重于传授创新方面的知识，理论性内容较多，实践偏少。创业教育则强调创办企业，强调项目实践；专业教育则沉浸在专业技术领域，目标是培养知识型人才。创新创业教育与专业教育分离的状态亟待改变，二者有机融合才能培养出适应新常态下社会发展需求的人才。

高等教育的目标不只是培养有资格从事某项工作的人，还包括培养具有从业和创业创新能力的高素质人才。在专业教育课程方面，应该对所学的知识进行创造与应用，让学生具有创新精神，以此推动行业进步，引领新时代的潮流，从而推动社会的进步。专业和创新的融合教育旨在引导学子从"知识人"转向"综合型人才"。综合型人才在进行教育的时候应该同时培养专业和创新的能力，不只要注重知识的学习，还要关注知识的实际应用，在实际社会生活中评估个人才能的实际表现。

一些学生可能持有功利主义观点，将创新技能与创业能力混淆在一起。他们或许内心觉得，体制外准备自主创业的学生才应该去锻炼学习并发展创新动力，体制内（如事业单位）工作的学生可能不需要进行创新。因此，当前高校教育应该对学生的品格、能力与社会生活的本领多加重视，其中包括培养协作与承担社会责任能力、认同并予以平常心看待他人独特个性的能力、批判性与审慎性思考的能力、团队合作能力，具备公益意识。同时，大学生应该学习一些创新创业方面的专业知识，将创新创业元素融入专业的教育里。有利于培养综合型人才，提升大学生的综合素质，突破专业人才的局限性，能够为适应未来社会变革打下坚实的基础。

这种趋势下，大学生在创新创业过程中将不再盲目做项目，不再只热衷于创办企业，而是深入研究行业发展趋势、问题，依托专业教育、实验实训平台，开展创新性项目，将专业理论知识应用于实践，并在实践中验证创新的可行性，再进一步结合行业的需求，升级为创业项目，开办企业。这种专创融合的创新创业人才培养模式将避免学生产生"唯分数论""唯学历论""唯荣誉论"等理论误区，为了解决问题，学生必须开展探究式学习、合作式学习、项目制学习，由被动学习转向主动学习，改变了学生的学习模式。

专创融合式创新创业人才培养模式使学生创新创业根植于专业知识、专业技能的沃土，明确解决问题的方向，便于整合学校优势资源，真正形成"产学研用"一体的大学生创新创业新局面，进一步激发师生参与创新创业的活力，有利于产生一系列具有实践应用价值的研究成果，培养出真正意义上的创新研究型人才和创新应用型人才。

三、新个体经济成为大学生创业新趋势

2008 年，国家不再对个体工商户继续收取管理费。随后，2011 年，国务院发布《中华人民共和国个体工商户条例》，废止并调整了个体工商户在从事个体经营时的多项约束。这包括取消了对个体工商户雇佣员工数量的约束，废除了对从事个体经营设置身份限制的规定等。2014 年，财政部等部门决定不再对个体工商户征收部分行政事业性收费，这样有助于降低其负担。为简化烦琐的登记程序，国家决定实行个体工商户的营业执照和税务登记证的"两证合一"政策。

为减轻个体工商户的赋税，财政部等相关部门不再征收月销售额在 2 万～3 万元的小规模纳税人的增值税。在这些规定的扶持下，个体经济有了显著的进步。根据北京大学《中国个体经营户系列报告》，2019 年中国总就业人数达到 7.99 亿，其中个体经济户在就业人数上已经高达 2.3 亿。这 5 年来，个体经济吸纳了新就业人口的比例达到了 68.5%。

2017 年中国微商从业人员规模达 2 018.8 万人，微商行业市场总体规模达 6 835.8 亿元，具有新个体经济特点的微商已成为中国互联网经济的重要组成

部分。此外，网络直播的从业人员数量、市场规模也在快速壮大，2019年直播电商行业总规模已达4 338亿元。新个体经济是中国经济社会数字化转型条件下出现的新生事物，所有参与者包括监管者都需要有新的思维。

高校扩招之后，应届毕业生的数量急剧增加，就业问题变得严峻。以2020年为例，新增应届毕业生的岗位需求减少了49%。特别是那些雇佣不足100人的小微企业，对应届毕业生的需求下降幅度更高，达到60%。党和政府一直将扩大就业作为社会进步与保障民生的重要工作，持续出台新的保就业政策。2020年7月中旬，国家发改委联合其他部门发布了《关于支持新业态新模式健康发展激活消费市场带动扩大就业的意见》（以下简称《意见》）。该文件强调"鼓励培育新个体经济"，其中涵盖了减少个体经营者线上创业就业的费用，给予丰富的就业机会；肯定、支持微商电商等多元的自主就业方式；鼓励多样化的创业主体，提升其创新动力，同时也鼓励兼职就业以及副业创业等方式，从而打造一种多元发展的新格局。

《意见》明确，支持商业银行在信贷服务方面实行线上与线下整合的方式，适度减少个体工商户的融资成本。在网络平台上开展业务的人能够在网络经营地点注册个体工商户，这样在互联网平台交易的过程中个体经营者所需要缴纳的服务费用就相应有所减少。《意见》表示，积极推进微观经济发展，支持人们进行"副业创新"，并且鼓励网络社交与短视频平台的多样化发展，支持微创新、微产品等众多创新形式。新个体经济的发展，为转型中的中国经济开辟就业空间、带来发展活力。与传统意义上的个体经济不同，新个体经济是"互联网＋个体经济"的创新组合，这给传统个体经济增添了更加多样的内涵，有助于更充分地释放个体的创新潜能，从而为市场带来多样的产品与服务。

在数字经济蓬勃发展的当下，13部门联合出台激活消费市场带动扩大就业的意见，体现了政府部门为践行新发展理念、拥抱新经济、创新管理模式所作出的努力。2020年以来，传统经济、传统业态、传统模式受到冲击，抓住新机遇、寻求新突破、实现新发展，势在必行。通过新业态新模式扩大创业就业，释放蕴藏在民间的经济活力，无疑有着极强的现实意义。新个体经济给予了就业者更高的自主权，工作可以不受时空限制，还可以自由选择雇主和工作时间，因此吸引了许多年轻就业者的目光。"00后"大学生对新个体经济的就业创业方式认识清晰，更愿意用自己的能力，发挥个人所长，寻求一种更灵活、更自由的生活方式。

第二章　大学生就业的准备

本章为大学生就业的准备。主要介绍了大学生自我认知、大学就业的心理准备、大学生职业生涯规划三个方面的内容。

第一节　大学生自我认知

一、自我认知综述

（一）什么是自我认知

自我认知是个体对自己的认识和理解，包括自我观察和自我评价两个方面。自我观察是指对自己的感知、思维和意向等方面的认识；自我评价是指对自己的期望、行为及人格特征的评估。简单地说，自我认知就是自己对自己的认识和评价、自己对自己及所处环境的认识和评价。

从自我认知的内容上看，自我认知包括认识自我的长处和缺点，意识并调整自己的情绪、意向、动机、个性和期望，并对自己的行为进行反省等。自我认知是帮助大学生从"我想干什么"的认识转变为"我能干什么"的现实上来的过程。

如果一个人缺乏自信，觉得处处不如别人，就会产生自卑、做事畏缩不前的心理；相反，如果一个人高估自己，就会骄傲自大、盲目乐观，导致工作上的失误。因此，恰当地认识自己、实事求是地评价自己，是自我调节和完善人格的重要前提。

每个人都有他人无法比拟的长处，也有难以克服的短处，客观地自我认知能帮助自己了解自己能力的大小，明确自己的优劣势，根据过往的经验，选择未来可能的工作方向。

（二）自我认知的内涵

自我认知的内容可以分为生理我、心理我、社会我、家庭我。

1. 生理我

生理我又称生理自我，即个人对自身生理情况的认知，是一个人对自己的身体、健康状况、容貌等方面的感受，包括身高，体重、视力等可以量化或直观得到的指标。

正确认知生理我对选择职业有重要的影响，如从事司机的职业对视力有要求，医疗、食品、饮食行业对身体健康状况有要求，而性别、年龄、容貌也逐渐成为很多职业的任职条件。个体应该根据自身的生理条件来选择职业。

2. 心理我

（1）价值观

在人际交往中，价值观的"影子"无时不在，一个人的语言和行为可以折射出一个人的价值观。比如，当同学之间畅谈未来时，有的同学说"毕业后，我要到外企工作，努力挣钱，买房买车，过上富裕的生活"；有的同学说"我毕业后要到西部支教，为社会作贡献"；有的同学则希望找一份稳定的工作，生活和家庭美满。这些都是一个人对个人价值观的表述。

每一种职业都有各自的特性，不同的人对职业意义的认识、对职业利弊的评价和取向不同，这就是职业价值观。职业价值观直接影响着人们的职业期望、职业方向及职业目标的选择，并影响着人们就业后的工作态度和劳动绩效水平，进而影响人们的职业发展情况。

（2）性格

性格是指个体稳定的态度及习惯化了的行为方式，是个体在各种场合表现出来的某种特征。例如，有的人对待工作一丝不苟、踏实认真，在人际交往中则表现出高度的原则性，自身则谦虚、自信、严于律己等，所有这些特征的总和就是他的职业性格。

心理学家认为，根据性格来选择职业，将使自己的行为方式与职业相吻合，能最大限度发挥个体的潜力，从而得心应手地驾驭本职工作。

（3）气质

气质是指人们心理活动的速度、强度、稳定性和灵活性等方面的心理特征。一个人的气质类型和气质特征是相当稳定的，但又不是一成不变的，具有稳定性和可塑性两个方面的特征。不同气质类型的人，对待同一件事情的态度和处理方法可能会截然不同。在日常生活中，有些人文静、稳重，有些人则直爽、泼辣、手脚麻利，这些都是人的气质表现。

大学生应该了解自己的气质类型并正确看待它。气质没有好坏之分，每种气质都有积极和消极的方面，它并不直接决定人的智商高低和成就大小，但在实践中，气质类型影响活动的进行和活动的效率。例如，对于要求作出迅速灵活反应的工作，多血质和胆汁质比较适合，对于需要冷静思考的工作，黏液质则相对适合。所以在职业选择时，我们应该充分考虑气质类型。

（4）兴趣

兴趣能够引导个人将注意力集中于获取热爱的职业知识上，能够激发人的智慧，并在工作中展现创造力，是人们力求认识、掌握某种事物并经常参与该种活动的心理倾向。

兴趣的萌发与发展通常都会有三个阶段：有趣—乐趣—志趣。有趣是兴趣发展的起始点，也是发展阶段中较初级的部分。这个阶段常常短暂，易于消逝，与个体对某事物的新鲜感联系紧密。乐趣则是兴趣发展的中间阶段，其基础是有趣，而且它是兴趣发展的中等部分。这个时期，兴趣开始变得更加专一，同时更加深入。如喜爱网络文学的个体很可能会成天沉湎于网络文学作品中；志趣是兴趣在发展的后续阶段，将乐趣同自身的社会担当、梦想与努力奋进融合。这种结合将乐趣转化为志趣，而志趣具备社会意义、自我驱动和目标导向，是个体取得成就的主要推动力，也是成功的关键保障。

兴趣的形成有一定的先天性生理基础，但主要还是由后天的生活环境和生活实践打造而成的。兴趣往往是大学生在生活、学习、工作中感到愉快、自信、满足的状态下实现自我价值等系列良性循环的起点。因此，大学生在制定职业生涯规划时，要充分挖掘和培养自己的兴趣，尽可能把"选你所爱"与"爱你所选"结合起来。同时，人生的路很长，每个人都可以有很多不同的兴趣爱好，在追寻兴趣之外，更重要的是找寻自己终身不变的志向，只有这样才更有可能规划好职业生涯并取得职业生涯的成功。

（5）能力

能力指的是实现特定活动所需的心理要素，对活动效率有着直接作用。能力分为一般和特殊两类。一般能力包括观察、记忆、思维、想象力等，特殊能力是指人们从事特殊职业或专业需要的能力。一般而言，从事任何一项专业性活动既需要一般能力，也需要特殊能力。

个体的能力是有差异的，充分了解自身的能力，可以让人在工作中扬长避短，充分发挥自己的才能。不同职业对人的能力也有不同的要求，如外科大夫要求胆大心细，动手能力强；儿科大夫要求和善、可亲、耐心，善于与孩子沟通；护士则对动手操作能力、沟通的能力具有相对更高的要求。因此在选择职业的时候，人的能力要与职业相符合。

世界500强公司最看重的是个人的能力素质，其中，他们最看重的是团队协作能力、人际沟通社会交往能力、管理能力、学习能力及创新能力。作为一名大学生，除了学习好专业知识、掌握合理的知识结构，还应该着重培养和锻炼自己实践操作、社会交往、创新等能力。而大学里的课程学习并不是获取能力的主要途径，还应通过积极参与各种活动，有意识地培养自己欠缺的能力。

3. 社会我

社会我又称社会自我，是指一个人在与他人交往中感知到的他人对自己的评价。社会我影响一个人的人际关系及在社会中的角色定位，进而影响到一个人的职业生涯规划。

在大学期间，大学生要实现由校园人到职业人的角色转变，也就是说要把个性塑造得接近社会个性，使自己的个性符合自己未来所扮演的社会角色的要求。这种社会角色不仅需要大学生具备现代人的品质，还要有强烈的社会责任感，将个人的发展与国家的发展需要融为一体。

为改善基层医疗状况，促进医疗制度改革，国家倡导大学生到基层就业，并推出了乡村医生教育规划。一定要把自己放到社会这个大背景下考虑自己的职业发展，才能实现自己的个人价值和社会价值。

4. 家庭我

在家庭中，父母的职业背景、从业经历、家庭的人际关系及家庭的经济状况都将对大学生的职业生涯规划产生重要影响。家庭我又称家庭自我，是指一个人对自己的成长感受与作为家庭中一分子的价值观与责任感。家庭我包括以下内容：个体在家庭的位置；个体对家庭的作用；个体应承担的家庭责任；家庭在个体上学、求职、创业中能提供的帮助；个体的职业选择是否符合家庭的需求。

家庭我的认知可以强化大学生的家庭责任意识，大学生在职业选择时，要考虑家庭成员的意见和建议，根据自身的规划选择有益经验。

（三）自我认知的意义

自我认知是有效进行职业生涯规划的重要前提之一，很多大学生进入大学后，一直处于茫然的状态，具体表现在：不知道自己要做什么，也不知道自己不要做什么；不知道自己喜欢什么，也不知道自己不喜欢什么；不知道自己想要什么，也不知道自己不想要什么。当他们的大学时光即将逝去的时候却感到一无所获，开始对大学生活感到遗憾和后悔。

俗话说："早起的鸟儿有虫吃。"童话大王郑渊洁也有句名言："早起的虫儿被鸟吃。"这也就告诉我们，在还没认清自己是"鸟"还是"虫"之前，千万不要盲目"早起"。所以，对于大学生来说，在行动之前，应该清楚"我是谁"。自我认知帮助大学生回答了这个问题，让大学生知道了自己想干什么，能干什么，适合干什么。当今大学生只有不断地进行自我认知、自我评价，才能不断实现自我修正、自我完善，最终一定能够获得成功。

二、自我认知的方法

（一）自我分析法

自我分析是最具有操作性同时也能重复利用的一种自我认知的方法，但是如何摆脱"当局者迷、旁观者清"的困扰，需要注意以下几个方面。

1. 认清"我是谁"

为了准确了解自己，需要对自身的价值观、兴趣取向、个性特征与能力强度等方面有明晰的认识，必须进行全面的思考并积极回应以下问题："适合从事哪些领域？""具备哪些能力和潜力？""社会需要我在哪些方面作出贡献？"等。

2. 橱窗分析法

橱窗分析法是进行自我分析的一种常用方法。橱窗分析法就是对个人的各个方面进行分析，将它们放在一个直角坐标系中。横坐标的正方向是指其他人知道的事情，负方向是指其他人不知道的事情；纵坐标的正方向是指自身知道的事情，负方向是指自身不知道的事情。如图 2-1-1 所示。

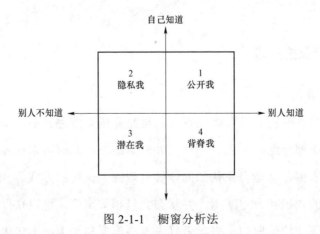

图 2-1-1　橱窗分析法

橱窗 1 代表的是个人展示在外界的一部分，包括自己和他人都知道的信息，被称作"公开我"，是个人不需要隐藏的一面。

橱窗 2 所指的是个人的私密部分，包括只有自己知道而他人不知道的信息，被叫作"隐私我"，是个人内心深处的保留秘密。

橱窗 3 涵盖了个人尚不知道且他人也不知道的一面，被叫作"潜在我"，这称得上一个有待开发的领域。

橱窗 4 代表的是个人自身不知道，然而他人却知道的部分，被称为"背脊我"，类似于人身体中的背部，自身是无法亲眼见到，但他人却可以观察到。

通过 4 个橱窗可知，需加强了解的是橱窗 3 和橱窗 4，即"潜在我"和"背脊我"。

每个人都有巨大的潜质，关键在于自身的潜能有没有被认识和了解、有没有被开发。善于发掘自己的潜能，对于一个人的成功有重大的意义。

（二）他人评价法

请家人、师长、朋友、同学对自己进行评价，这些评价如同一面镜子，可以进一步帮助自我认知。

（1）搜寻记忆中别人对自己的评价。

（2）访问家人、师长、朋友、同学，请他们对自己进行评价，并把评价记录下来。

（三）专业挖掘法

1. 专家咨询

在进行自我分析、听取他人评价甚至是完成职业测评后，如果对自己的分析仍感到不够全面、深入、到位，并感到迷茫，此时可以找相关专家进行有针对性的咨询，这是自我认知的一种有效的、快捷的方式。相关专家一般都拥有丰富的知识和人生阅历，并掌握大量相关案例，可以帮助人们进一步明确自己的职业价值取向、兴趣爱好、人格类型和个人能力等内容，找到适合自己的职业发展方向。

2. 职业测评

现在有专业人士用专业技术手段帮助人们去挖掘真实的自我，如内量表、韦克斯勒智力量表、瑞文推理能力量表可以帮助人们了解自己的智力状况，爱德华个人倾向量表、艾森克个性问卷、卡特尔16种个性因素问卷可以帮助人们了解自己的性格，霍兰德职业兴趣量表（SDS）、迈尔斯布里格斯类型指标（MBTI）等可以帮助人们了解自己的职业倾向。

第二节　大学就业的心理准备

在面对就业和职业选择时，大学生的内心体验是复杂且多样的。一方面，他们即将融入社会，可以将自己掌握的知识和技能充分发挥在实操中，实现个人的生命目标，这会引发内心深处的欣喜之情；另一方面，面对日益严峻的就业形势，毕业生也常常担忧自己的前途，担心将来的工作不满意或者找不到工作，心理表现为患得患失。同时，找工作的阶段也是对大学生自信心、应变能力、毅力、适应力及抗挫能力等心理素质的一次严峻考验。所以说，每位求职的学生均要培养良好的职业心态，有心理方面的准备并积极投身竞争，毫不畏惧地面对挑战。

一、大学生常见的就业心理障碍

（一）就业焦虑与恐惧心理

焦虑是一种紧张和恐惧的情绪状态，通常由心理矛盾、自身挫折及对困难的忧虑引发。首先，从学校转向社会时，面对复杂的现实社会，可能出现理性认识不足的心理恐惧；其次，没有十全把握的就业准备，不知道在工作、考研等多种方向中做出何种选择，导致徘徊不定；最后，感情关系的波动和职业抉择之间的矛盾，可能因难以两全其美而引发对未来的忧虑。担忧过度会对大学生的职业决策和就业产生不良影响，不只正常的思维会受到限制，还会导致注意力不集中，记忆力下降，对学习和生活造成不同程度的负面影响。

（二）就业挫折与失败心理

挫折心理指的是人们在追求目标的过程中遇到困难时产生的情感反应。人们经历心理困难后通常会产生沮丧、失落、后悔、愤怒等各种负面情绪。大学生找工作的时候通常怀有较高期望，但在选择就业地点、就业岗位时，可能会产生与现实不相匹配的自我设想。然而，这些职业目标的选定一般都会受到功利心态、追求稳定心理及从众心理等因素影响，往往不能够将个人状况与社会中的现实状况完整进行考虑，并陷入"高不成，低不就"的困境，从而形成偏执、自卑及虚伪等不良心理。大学毕业生通常生活在校园环境中，经历与阅历都相对简单，鲜少遭受重大挫折，因此他们的心理抗压能力及自身的心理情绪调节能力相对较弱，情绪易发生较大的变化，没有面对困难的心理准备。多次求职失败可能会强化挫折心理，从而导致大学生的职业选择产生一定的偏差。

（三）就业价值观念不合理

不良观念通常在以下几个方面显露出来。

（1）很多毕业生对职业的意义理解不足。他们常常过于注重工作在短期内带来的经济利益，仅把工作看作赚钱的手段。他们可能忽视了自身的优势、兴趣及与工作的适合程度，所以他们很可能找到一份与自身不匹配的工作。

（2）许多毕业生注重专业相关性。他们在寻找工作时往往只考虑与自己所学专业紧密相关的岗位而忽视了其他领域的工作机会，这种做法可能导致他们与许多好的就业机会擦肩而过。

（3）许多大学毕业生仍然固守传统观念。这些观念受到家庭与社会对不同职业的刻板印象的影响，因此更偏向选择稳定职业，如公务员、教师等，不想去担任具有风险与挑战的职业，当然这里面也包括创业。

（4）许多毕业生具有功利心理。他们希望在工作中不必努力太多就能拥有高福利与好待遇，更倾向于那些提供高福利、员工待遇优越、位于大城市的职位，而不想去从事艰苦的工作，他们往往并不会考虑国家与社会的需求。

（四）就业人格缺陷

（1）心理承受能力较差。大学毕业生从学校步入社会后，要应对更为复杂的人际互动，然而他们可能缺少足够的心理准备。面对挫折时，他们的应对能力可能较弱，容易因此而情绪低落、不安、焦虑和失望。

（2）偏执情绪和人际交往障碍。部分学生或许缺乏观察他人的能力，以自我为中心，或者可能表现出胆怯和羞怯的状态。在人际交往方面，他们可能不太了解如何与他人进行得体的互动。

（3）自大与自卑。在求职过程中，毕业生往往会陷入两种情绪状态：一方面是自视过高，过于自信，认为自己卓越无比；另一方面是自卑感，对自己的评价偏低，总觉得自己无法与他人相比，认为自身价值不高。

二、影响大学生就业心理的因素

大学毕业生的就业心理指的是因为毕业即将到来或已经毕业而产生的与就业相关的心理体验，其形成和演变受到主观与客观两方面因素的共同影响。

（一）主观因素

1. 生理状况和心理发展水平

大多数大学毕业生的年龄一般是 22 岁左右，生理发展基本完成，但心理方面可能还有不足之处。在生理层面上，用人单位在招聘过程中通常会对性别、身高、健康程度等提出一定的要求。此外，某些特定职业还会对工作人员的生理状况有一定的限制，如警察招募要求视力达到 1.0 以上等。所以生理因素也会对求职者的心理状态产生影响。

心理成长包括认知、情绪与意志这个三个方面。涵盖了感知能力、分析和逻辑思维、注意力及意志品质等要素。心理成长的情况与我们未来从事工作的能力及取得怎样的成就有着密切关系。一些雇主，尤其是外资企业，他们在招聘过程中通常会要求求职者们进行心理测验，这样的操作有助于筛选出与岗位要求相匹配的候选人。总的来说，心理发展的水平与大学生的就业机会具有一定的关联性。

2. 个性特点

个性是一个人在日常生活和实践中经常呈现出来的、相对稳定且具有一定导向性的个体心理特点的集合，这意味着个性是每个人独特的精神状态与性格品行，是区别于其他人的标志。

个人的独特性贯穿其整个人生旅程，深刻地塑造着个人的生活轨迹。人的个性内涵包括需求、动机、信念、三观等各种元素，这些因素引导着我们人生之路。换句话说，个人的品格性情与能力等个性特征在塑造和决定着个人生活的面貌、事业进程及命运走向。

具备不一样个性特征的大学生在选择职业时所表现出的心理状态与行为举止存在着差异，也引导着他们对就业的不同倾向。例如，部分学生追求稳定的工作，而部分学生则愿意不惧挫折进行创业；部分毕业生渴望去经济繁荣的大城市，而部分学生选择前往条件艰苦的地区。

3. 知识结构

知识结构指的是一个人脑中关于知识体系的内在连接方式。这种连接方式直接影响到一个人的能力表现，因为不一样的知识结构很大程度上决定了对不同性质工作的胜任程度。科技在进步，职业发展也更具综合性。考虑到这种趋势，求职者的知识结构也应该更加广泛、更具条理性。大学生在求学阶段，需要对自己专业领域的知识与专业技能有一个清晰准确的掌握，还应该学习与之有关的领域的知识与其他技能。丰富的基础知识与必备技能，是社会迅猛发展过程中对人才提出的新要求。

充实的学识储备、实践动手能力的熟练运用、有机构建的合理知识体系及持续进取的学习能力，这些因素共同决定了毕业生是否能够顺利找到工作，同时也是他们在职场竞争中展现自信的基础。因此，大学生的知识架构对其就业前景有着极大的影响。

（二）客观因素

1. 社会环境因素

作为社会性生物，个体在社会中生活时都会不同程度地被环境左右。社会环境因素对就业心理具有重要作用，其中涵盖了社会风气、经济发展的状况、对人才的需求方向、就业现状等。国家的就业制度在不断完善中，这种变化让大学生在择业的时候有了更多的自主选择空间，使他们能够公正并自主地在就业市场中开展自己的择业之旅。然而，近年来高校毕业生数量迅速增加，经济发展进入新的常态，不同专业的人才需求有所不同。区域经济存在着不平衡，社会中依然存在一些不良风俗，这也在一定程度上影响了毕业生的就业前景及就业心理。心理学观点认为，适应能力是心理健康的关键标志之一。大学生在找工作的时候面对社会环境的变化，应该在态度上理性对待，主动面对，并持有一个良好的心态。现实如此，害怕、埋怨等消极情绪均无法解决就业状况。

所以说，毕业生应积极探索社会现实，深入分析社会动态，及时调整个人的职业心态，以更好地融入社会，实现平稳就业的目标。

2. 学校教育

随着对教育理念的深刻认知，现今各高等院校不仅注重学生的专业培养，也强调学生全面素质的培养。学校是社会的缩影，承担着引导学生走向社会的使命。在这个时期，学生需要在学校给予的社会化教育环境中逐步积累人生经验。通过学习与实践操作，逐渐对社会产生清楚的认知，学习应对社会生活的技能，在心态上变得更加成熟。学校教育阶段，大学生会受到校风、校训、学习氛围、教学方式等各种因素的影响，这也会在潜意识中对毕业生的职业心态造成一定影响。

3. 家庭影响

家庭是社会的基石，父母则是孩子最初的人生导师。家庭的教育方式、经济情况，以及家长秉持的价值观，都在塑造着学生的心理成长轨迹。毕业生找工作的时候，他们的就业心理也经常会被家长的观念左右。例如，注重民主教育的家庭的孩子在求职时可能会表现出自信和乐观，面对挑战具有积极的心态；而在过度溺爱环境下成长的孩子，可能会在严峻的就业现实中感到沮丧与无助，并且自卑情绪较为明显，他们往往更需要家长的支持，家长的态度对学生的职业心态有十分重要的作用。举例来说，部分父母希望子女在自身城市工作，部分并不希望子女入职民营或个营企业。

三、大学生就业心理调适

就业并非简单的目标达成，而是一个与社会相互磨合与适应的过程。在寻找工作的道路上遭遇挫折，甚至多次后才获得成功属于常态。面对职业挑战时，调整心态是关键，要让自己泰然自若、心静如水地应对职业发展这个重要的人生课题，最终能够进行明智而理性的选择。大学毕业生可以从以下几个方面调整自己的心态。

（一）认清现实，调整就业期望值

尽管就业市场的市场化与自主择业为大学生提供了一定的好处与更多的机会，但仍有一大部分学生不了解就业的残酷，对就业现实的认知存在缺陷。负面情绪并没有实际作用，也不能让就业状况发生变化。整天埋怨反倒耽误了时间，破坏了情绪，应该勇于面对当今的现实，摆脱过去的幻想，寻找解决问题的途径。

（二）认识职业价值，树立正确职业价值观

以前人们常觉得工作就是让基本的生存需求得到满足，然而，在现代社会，职业对于我们的意义不仅如此。职业能够实现人们更高层次的需求。近

期，有研究者对职业的价值做了探讨，揭示了交往、挑战、环境、权力、成就等不同因素。这表明职业的价值具有多元化，职业在促进我们自身的进步与社会发展方面扮演着关键的角色。

（三）认识与接受职业自我，主动捕捉机遇

大学生在就业过程中经常面临各种心理问题，这很大程度上与他们未能对自身的职业有一个清晰的认知并欣然接受关联。所以说，对自身职业心理特点有一个清晰的认知并接纳它，是调整就业心态的重要手段，有助于寻求到与自身相匹配的职业道路。了解自己对何种职业有兴趣，需要怎样的职业环境，拥有怎样的择业标准，以及根据自身目前的能力可以从事哪些工作，这些问题的答案可以帮助确定适合自己的工作。一大部分毕业生在经历实际求职后才知道，他们的能力和专业水平未必如之前所想的那般高，这时就会产生消极的负面情绪。

所以在了解了自身特点之后，必须接受自己的现状。不能总是去埋怨现状，也不需要自我贬低。自身情况属于客观事实，短时间不会发生变化。所以要接受现状，努力发挥自身优点，避免缺点。此外，应从发展的角度去审视自身。认识到自身存在一些缺陷没有关系，可以在就业后持续学习并获得成长。

在大学生就业过程中，机遇也很关键，所以除了认清自身特点外，还应该抓住合适的机遇。为了抓住机遇，首先需要积极了解各种相关的职业情况，主动参与招聘会，并依照个人择业理念进行筛选。然而机遇并不是普遍适用于每个人的。工作的价值因个人而异，因此盲目跟风是不可取的。始终要谨记，与个人情况相符的才是最佳选择。同时，机遇是具有时效性的，一旦发现应马上迎接，切忌犹豫不决、畏惧恐慌，要有勇于尝试和冒险的勇气。

（四）坦然面对就业挫折，提高心理承受力

市场的竞争十分激烈，求职的压力也与日俱增，大学生在找工作的时候常常会遇到各种挑战和困难。例如，某些专业领域备受追捧，而其他一些则

相对冷门；此外，女大学生在求职时也可能遭遇性别歧视等问题。应该调整心态，增强应对突发情况的心理韧性。研究表明，大学所学只占据个人终身所需知识的约 10%，因此，终身学习是十分重要且必要的。

要冷静处理求职过程中遇到的困难，总结分析失败原因，吸取经验。

（1）在就业市场竞争激烈、需求形势不太理想的情况下，求职失败是常见的情况，不宜过分期望每次均顺利。我们应当预见到可能的求职挫折，并为此做好心理准备。并且要把工作视为了解社会与工作生活的良好时机，借助求职过程来拓展自己，促使个人成长，我们需要以"不以成败论英雄"的态度来看待这个过程。

（2）在求职过程中失败并不必然意味着自身能力的不足。求职失败具有多种原因，可能是选择的求职方向不太匹配，可能是个人价值观与企业文化不太契合，或者是受到偶发的外界因素影响。

总而言之，需要准确分析求职失败的因素，进而调整找工作的策略。同时，自己也应该调整心态，这样在未来的求职中才能够取得胜利。

（五）调整就业心态，促进人格完善

有许多方法可以用来进行自我心理调整，促进人格完善。

（1）采用积极的心理暗示方法，激励并坚信自己能够战胜困难，渡过难关。

（2）将内心感受向朋友、导师倾诉，争取他们的慰藉和支持。

（3）通过锻炼身体、欣赏音乐、踏青等各种方法，转移注意力，减轻内心的烦躁情绪，放松心情。

通过对自身在就业过程中的各种不良心态进行分析，能够揭示一些平日里很难去考虑到的个人缺陷。可以说，正是这些瑕疵造成了我们的就业心理问题。倘若不在当下着手完善自身的人格，它也会影响未来的生活、工作，所以及早暴露这些问题实际上更有利于提升自己。同时，也不必因为这些人格缺陷感到过度沮丧，毕竟基本上没有人能够拥有完美无瑕的人格。核心在于基于认知自身问题，主动去改正并不断进步，从而让自身人格变得更好、更成熟，这样未来发展也将变得更加通畅。

（六）开拓进取，勇于创业

大学生作为青年群体中的佼佼者，充满活力的思维和强烈的创新意识受到政府多项优惠政策的鼓励，有能力选择自主创业的道路。大学生可以积极考虑自己的创业计划，既能够毕业后立即实施，也能够在拥有社会经验后再着手。据初步统计，在美国，高达25%的大学生选择创业，日本创业率为10%，我国大学生的自主创业比重也在迅速上升。当今时代的高校学生们，应该培养冒险和实干的精神，并强化自主创业的意识。要有信心和勇气去开创自己的事业。尽管在这个过程中会遇到一些挫折，但也有相当数量的成功人士。因此，鼓励大学生选择创业是非常有意义的。重要的是，他们需要拥有正确的思维和观念，制定规划和定位的时候应该合理准确，与有丰富市场经验的人合作，摒弃纯粹学生公司的思维模式，采用科学化和职业化的管理方式。

第三节　大学生职业生涯规划

一、职业生涯规划综述

（一）职业生涯的含义与意义

职业生涯是一个一生的职业发展过程。与职业的概念相比，职业生涯的概念当中有着发展和动态的含义。而且对一个人来说，可观测到的职业发展过程和其对职业发展过程的期望与看法，都包含在职业生涯这个整体概念之中。

职业生涯以人的潜能开发与发展为基础部分，其中包括了心理、智力、技能、伦理等多方面的内容。并且职业生涯的标志是，工作内容与工作业绩的变化、确定，工作待遇及工作职务的变动等。一个人在职业生涯中扮演的角色是无法取代的，因为它是一个人实现自我价值的重要历程。人们不仅可以将职业作为自己生活与生存的重要手段与方式，而且还可以在该过程中实现自己的理想追求。人生大致可以分为三个最主要的时期，分别为少年、成年和老年，在这三个时期当中成年阶段是最重要的时期，因为这个时期的跨度是最长的。萨帕是美国知名的职业问题领域的专家，他认为，职业生涯是指一个人终生经历的所有职位的整体历程，是生活中多种事件的演进方向和历程，是个人独特的自我发展组型[①]。职业生涯包括个人一生中所从事的工作，以及所担任的职务、角色，同时也涉及其他非工作或非职业的活动和个人生活中衣食住行、娱乐各方面的活动与经验。职业生涯是个人一生职业、社会与人际关系的总称，即个人终生发展的历程。

职业生涯的整个过程是十分漫长的。传统的职业生涯观念主张，人们选择职业的时候，应慎重选择一种职业，并且在这个职业上，不断实现自我发展，进而得到岗位的晋升，实现个人的增值。不同于传统的职业观念，人们还可以遵循自己内心的选择，以个人的兴趣、能力、价值观等因素为依据，并且随着外部环境的变化调整与选择自己从事的职业与行业。人们更愿意找到一份适合自己并且相对稳定的职业。

一个人职业的成功还是失败、工作成就的高低，对其个人价值的实现有着至关重要的影响。人的生命毕竟是有限的，职业生涯在有限的生命当中占据着重要位置。只有拥有一个适合自己的职业生涯，并以这种方式度过人生的大部分时间，才可能实现更加完美的人生。

职业生涯对于实现人的全面发展具有重要的意义与价值。随着物质水平的不断提高，人们的自我意识也在进一步提升，全面发展似乎是每一个现代人的重要目标。人们在完成一些基本的、基础的目标（如健康、知识、人际关系等）之后，也希望在事业层面实现自己更大的价值。因此，我们追求职

---

① 鄢敬新. 职业生涯规划宝典［M］. 青岛：青岛出版社，2005.

业生涯的成功，不仅是为了提升生活的水平与物质享受的程度，更重要的是完成自我价值的实现，追求个人的全面发展。

（二）影响职业生涯设计的因素

教育是促进一个人全面发展的社会活动，它可以提升个人的才能，塑造与完善一个人的个性、人格。教育对个人素质的形成有着至关重要的作用。一个人的知识结构、能力水平都是在教育与培训之下形成的，教育对我们整个人生的重要性不言而喻。

首先，在进行职业生涯选择的过程中，人们会因为教育程度的差异而作出不同的选择。通常来说，接受过较高水平教育的人会在工作中有更好的发展，这类人群也有着较高的机动性，会在所从事的工作与其预期有较大差距的时候从容应对。

其次，一个人的职业生涯会受到其所学专业的影响，往往这种影响是决定性的。"一专多能"、专业水平较高的人才，往往会受到青睐，从而占据职业生涯发展的主动地位。

一个人的家庭环境也会对其职业生涯的选择与发展产生重要影响，毕竟家庭才是人的第一所学校。我们从幼年开始就处于家庭的环境之中，因此价值观与行为方式必然会受到家庭潜移默化的影响。对一些人而言，家庭不仅影响了他们的价值观与行为方式，还有意识或无意识地使他们学习了某些职业技能。而且家庭中其他成员的就业选择，也会对一个人的职业生涯产生重要影响。

一个人的性格与职业生涯是息息相关的。霍兰德是职业生涯发展领域的专家，他将一个人的性格分为了六种不同的类型。而且一个人所具备的性格可能不仅仅是这六个类型之一，也有可能是多种性格类型的混合。判断人们的工作是否适合自己，性格是重要的指标，选择符合自己性格的工作，才能让自己在工作中游刃有余，从而将自己的全部精力投入其中，并取得良好的工作成绩。反之，当一个人的工作与其性格相违背，会不利于其能力的发挥。

一个人对工作的追求、动机，以及秉持的价值观与行为方式，会对职业生涯的发展产生直接的影响。这主要表现在不同的人对同一份工作有不同的看法，而且同一个人对不同的工作也会做出差异化的选择。美国职业教育服务中心归纳出了十一种职业价值观（如自主性、专精、亲和、多样性、创意等）。对待不同的职业的评价是一个人选择自己所从事的职业的标准与依据。人们会随着年龄与阅历等因素的变化而对职业生涯产生不同的动机与需求，值得注意的是，人们往往也会依据自己经历的不同的职业，而作出符合自己主客观条件的选择。

社会环境、组织形式也对人们的职业生涯选择与发展具有重要作用。这主要表现在，外在的社会政治、经济、文化形势与发展阶段会制约或促进职业岗位的数量多少与结构状况，从而使人们面临的工作环境产生一定的波动性，进一步影响人们对于某些职业的观念与看法，影响职业生涯的决策。一个人的职业发展空间受到所处组织形式的制约，所处组织中的管理措施与管理人员的水平也影响着一个人的职业生涯的决策与发展。

现代社会中，男女平等的观念已经深入人心并得到广泛认可。但是值得注意的是，在职业生涯发展过程中，还是不可避免的有性别因素的影响。人类中的性别差异是显著存在的。所以在职业发展中，不可能完全消除性别的影响。每个人在选择职业生涯的时候，要充分发挥自己的性别优势，合理地考虑自己的职业生涯期望。

机遇是一种偶然性的因素，这种偶然性的因素在一个人的职业生涯发展过程中也会产生重要的影响。而且，有时这些因素会对职业生涯的发展起到决定性作用，这种机遇的力量有时超乎人的想象。俗话说"有志者事竟成"，任何机遇都是建立在个人充足的准备之上的，也有人说"机会都是留给有准备的人"，在工作中付出努力，才更加能够掌握自己职业生涯发展的主动权，当机遇来临的时候，才能牢牢地把握住机遇，实现更大的价值。

（三）职业生涯发展阶段

职业生涯贯穿我们的一生，任何伟大目标的实现都要经历挫折，都不是一马平川的，都是具有阶段性的。通常情况下，人们在不同的发展阶段，职业需求与人生追求也会存在差异。不同阶段的任务是各不相同的，正是这些不同的任务与追求，共同构成了一个人实现自我目标的过程与道路。职业与人类社会在周期和任务方面是相类似的，它们都需要与年龄及文化紧密联系在一起。通常来说，一个人在不同的年龄段所需要达到的预期是不同的，20岁时期人们更渴望将自己融入工作，进入职业角色；步入30岁，人们会在工作上寻求更大的进步及更广阔的发展空间；40岁时，人们的生命步入壮年时期，身心都已全面成熟，在这时寻求更大的突破是人们的主要任务；进入50岁的时候，已经要开始进入人生的下半程，在心态上更趋于保守，渴望稳定。因此，在职业生涯发展的过程中，对自己所处的职业阶段有一个清醒的认识，明晰职业生涯发展的客观规律，并且顺应这种规律，对于整个职业生涯乃至整个人生来说都是极为重要的。我们可以将人的职业生涯大致分为六个阶段。

1. 职业准备阶段

一个人在14～15岁的时候是专业、职业知识与技能积累的初期阶段，也是职业准备阶段的开始。这一阶段通常因人而异，对于有的人来说，这个阶段可能只延续到大学毕业（22岁左右），有的人可能会进一步进修，那么这个阶段也会延续到28岁左右。总的来说，职业生涯的准备时期，是一个人整个职业生涯历程的起步。正因为这个阶段是起步时期，因此很多人对于外在世界与自己的职业目标缺乏足够的认识，因此他们往往处于一种比较盲目的状态。由于这种现象的存在，有的人的职业生涯选择与职业生涯准备就会受到他人的干预。

2. 职业选择阶段

在18～30岁的这段时期，伴随着职业生涯的准备，职业生涯的选择也逐渐开始，人们走出校园面临的首要抉择便是选择工作。人们需要尽可能迅速地分析自己的素质与愿望，作出职业选择的判断，从而走进职业生涯，进入工作岗位，这对于整个人生来说是无比关键的一步。因为不恰当的选择不仅会浪费宝贵的时间，错失先机，还可能让自己与其他更合适的工作失之交臂。

今后工作乃至人生的成败，很大程度上受到工作起步阶段效果好坏的影响，但是一个人职业生涯选择的过程往往不是一蹴而就的，需要多次选择，与所从事的工作进行磨合。在不清楚自己到底想要从事哪方面职业的时候，可以多进行一些尝试，努力在工作的初步阶段取得一些积极的成果，来坚定自己的职业选择。在这个过程当中，我们需要展示自己特有的长处，积累工作知识与技能，积极与他人协作沟通，发展自己的能力水平，最终逐渐得到他人以及自我的认可。在这个时期，学习应当作为核心主题，任何选择、策略都应该以之为中心。

3. 工作初期——职业适应阶段

就业后的几年时间内，工作的内容会充分考验一个人的工作技能与整体素质。有的人能够符合岗位所需要的素质要求；有的人由于自身素质水平有所欠缺，还不能满足职位的要求，这时就需要进行一些职业方面的培训，使人们的工作技能与整体素质达到所需要求。当然有的人可能自身素质与岗位的要求之间差距过大，即便通过培训也难以弥补，这就说明这类人与所从事的岗位是不匹配的，需要重新择业。有的人在岗位中发现自己工作缺乏动力，很重要的原因是工作与个人兴趣不符，这种情况也需要重新审视自己，重新进行职业选择。

4. 工作中期——职业稳定阶段

从30左右开始一直到45～50岁，这个时期是一个人人生的主体时期，对于职业生涯来说也是如此。这个时期占据一个人成年与壮年的大部分时间，也是一个人整个生命历程的重要阶段。

人们在这个阶段会面临各种人生和职业方面的好的状况，当然也会遇到一些挑战，如在这个时期，人们的个人发展可能会十分稳定，在工作上也可能取得一些阶段性的成果，带来一些丰厚的回报；在这个时期，人们也会遇到发展的瓶颈，也会遇到中年危机等状况。在这个阶段应当深耕一个行业，在这个行业深入探索，寻求发展。这个时期对于职业发展来说至关重要，同时对于个人的家庭维护也极为关键。在这个时期，再进行职业转变需要慎重，因为这个时期较大的职业变动所带来的影响也会更大。尤其是步入40岁之后，人们更愿意寻求一种相对稳定的状况。在事业上人们寻求突破，也没有时间与精力再像年轻人那样求学深造，只能在岗位上参加一些培训，并且在实践中进行积累。假如真的处于职业的转折时期，需要对所处的职业进行相应的调整与转变，也最好在45岁之前完成这项工作。

人们在这个职业相对稳定的时期，如果能不断提升自己的素质，发挥自己的潜力，就会更容易得到更大的发展与进步。这个时期人们也面临许多机会，把握这些机会的同时进一步发展自己，从而成为更加优秀的人才，获得更大的职业成功。

5. 工作后期——职业素质衰退阶段

从45岁一直延续到60岁，人们的生理条件与身体机能会发生比较明显的变化，由于身体与能力水平的衰退，心理状况也会受到影响。由年轻时期的渴望发展与进步转变为寻求稳定，保持当前的现状。在这个时期，人们面临的机会与发展空间会非常有限，这个时期的重点任务应该是思考退休以后的方案与策略。

有的年轻人在职业生涯发展的过程中积累了大量的工作经验，知识与技能水平达到一个前所未有的高度，他们这种智力状况被称为"晶态智力"，这种"晶态智力"的存在使他们在职业生涯趋近于末期的阶段也能焕发新的生机。这些人通常是在自己的工作环境或者领域中，扮演着专家与权威人士的角色，他们是某个专业的引领者。

6. 职业结束阶段

这个时期人们由于年龄上或者身体上的问题，职业生涯逐渐结束。身体机能的衰减与心态上的变化，使得这类人进入"退休"的职业阶段，其人生也进入了最后的时期。

二、大学生职业生涯规划的具体步骤

（一）确立志向

职业与事业要想取得成功必须要首先确立志向。俗话说"志不立，天下无可成之事"，确立志向可以驱动人们进一步追求进步与成功。倘若一个人没有志向，就会像在黑夜中行驶在大海上的一叶孤舟，缺乏前行的方向。对一个人来说，志向决定着理想、价值观的形成，也影响着一个人的奋斗方向，甚至对一个人最终所能达到的成就也有决定性影响。正因如此，在对职业生涯进行规划的过程中，首先需要做的工作便是确定自己的志向。

在职业生涯中，志向往往与职业理想是紧密联系在一起的。职业理想是指一个人对于自己所从事的职业的最终追求，是对于未来的职业生涯发展的宏观构想。无论对谁而言，社会环境与社会现实都是制约其职业理想的关键因素。因为对于职业理想而言，社会发展的需要是客观的、不以人的意志为转移的，符合社会发展的职业理想是高尚的。大学生在确立个人的职业理想的时候，要充分把自己的个人志向和社会、国家的发展需要联系在一起。

职业生涯的选择以职业理想作为出发点。大学生在进行职业生涯设计时，是以自己的职业生涯理想为模板或参照的，职业的学习与实践会参考职业理想的方向，对自己的职业生涯进行调整，最终争取实现自己的职业理想。

职业生涯目标与职业生涯理想有一些差异，一般来说，一个人的职业生涯理想形成之后便会确立自己的职业目标，职业理想可以是宏观的、方向性的，而职业目标便是具体的、切实可行的。职业目标又根据时间的长短分为短期目标和长期目标两种，人们还会在职业发展过程中，根据一些内在或者外在的状况，对职业目标进行一定的调整，职业生涯目标决定着职业生涯的设计。因此，对于大学生来说，职业生涯目标是极为重要的，尽快确定职业目标，不仅会影响职业生涯的设计状况，也会对一个人的事业与人生的成功产生重要影响。

（二）自我评估

自我评估是自己对自己、通过各种方式与手段的全面分析，简单来说就是"知己"，即全面认识和了解自己。在职业生涯过程中，要想作出正确且合理的选择，自我认识是非常必要的，因为只有充分了解自己，才能选择对自己而言最佳的职业生涯道路，从而更有助于完成自己设定的职业目标。在职业规划过程中的自我评估的全面与否关系到整个职业生涯的成功还是失败。职业生涯的自我评估不是脱离外在环境的，反而是建立在对外在环境的基础上的。

自我评估时要对自己进行全面的认识与了解，其中包括兴趣爱好、性格品质、能力水平，要对自己的优势与不足之处做到清晰的认识。这就要求在进行自我评估的过程中保持冷静客观的态度，不能只看到自己的缺点或者是优点，而是要辩证地看待自己，要看到自己优点和缺点两个方面。

1. 自我评估的内容

自我评估的内容包括自己的性格、兴趣、特长、学识、技能、思维、道德水准及社会中的自我等；具体来说，主要包括生理自我、心理自我、理性自我和社会自我这四个部分（见表 2-3-1）。

表 2-3-1　自我评估表

自我评估项目	对应的内容
生理自我	主要包括自己的相貌、身体、穿衣打扮等
心理自我	主要包括自我的性格、气质、意志、情感、能力等方面的优缺点的评估
理性自我	主要包括自我的思维方法、知识水平、价值观、道德水准等因素的评价
社会自我	主要包括对自己在社会上所扮演的角色，在社会中的责任、权利、义务、名誉，他人对自己的态度及自己对他人的态度等方面的评价

2. 自我评估的方法

（1）自我测试法

自身的素质与潜能往往不是显性的，需要使用一些自我测试的手段与方式才能了解，只有对这些因素充分了解，才能使自己的职业生涯规划设计得更加完善、正确。

自我测试就是通过回答一些特定的问题，从而更好地了解自己，更进一步地认识自己。自我测试所要回答的这些问题都是经过心理学家研究的，具有鲜明的科学性。只要认真地按自己的实际情况进行回答，就可以完成自我测试。因此在回答问题时不要去有意识的思考所谓标准答案，因为不存在这种答案，只有将自己真实的反应、真实的情况作出直观反映，才能使测试结果具有真实性以及更加具有意义。自测的内容、种类是非常多的，如有性格测试、人格测试、性情测试、气质测试、记忆力测试、创造力测试、情绪测试等。

（2）计算机测试法

计算机作为一种现代的机器、工具，借助这种工具进行测试可以更加有效地认识自己，而且采用计算机测试法可以使测试过程更加准确、科学。随着计算技术的逐渐发展，许多自我测试的软件大量涌现，这些软件的出现为我们认识自己提供了极大的便利条件。

① 人格测试。最常用的人格测试方法有明尼苏达多项人格测验 MM-PI、卡特尔人格测验、艾森克人格问卷及瑟斯顿人格测验等。

② 智力测验。隐蔽和抽象是智力的显著特点，正因为这些特点，人们很难对智力进行有效、准确的把握，借助一些智力测试可以更好地把握一个人的智力水平，提高自我剖析的深度。目前存在一些比较常用的智力测试方法，如韦克斯勒智力量表、瑞文推理量表、威斯曼人员分类测验（PCT）等。

③ 能力测验。可以把能力测试分为两大类，分别为文职人员的能力测试与机械能力测试。文职人员是指工作地点在办公室的脑力劳动者，这类劳动者对创造性要求较低。这类人员主要有：出纳、秘书、干事。这类人员的测试方法主要有：明尼苏达办事员测验、一般办事员测验、简短雇用测验（SET）等。机械能力测试的内容主要包括空间关系的知觉、学习机械事物的能力、感觉和动作的能力等。测验的方法主要有贝内特理解测验、明尼苏达拼版测

验等。

④ 职业倾向测验。就职者的兴趣或者说他们对于职业的倾向与其职业能力的发展密切相关，主要的测验手段有：爱丁堡职业倾向问卷、男性职业兴趣问卷表、库德职业偏好记录、明尼苏达职业兴趣问卷表等。

（三）生涯机会评估

对生涯机会的评估主要是对内外环境进行分析，分析内外环境的因素对自身职业发展的影响。人们在进行自己个人职业生涯规划时，要对环境的条件与发展的状况、自己在这个环境中所处的位置、外在环境给自己带来的好处与弊端进行全面分析，从而确定自己职业生涯中遇到较好机会的可能，进而确定自己的职业生涯规划。

可以从组织环境与社会环境两个方面对职业生涯的机会展开分析与评估。短期来看职业生涯机会的分析更加注重组织环境，而长期来看，社会环境则是生涯机会评估的主要参考因素。

1. 对组织环境的了解

组织环境深刻地影响着一个人的职业生涯发展状况，一般来说，个人的发展要与组织环境相适应，当两者相适应的时候，个人会更容易在职业上取得成功，但两者不适应的时候，组织环境会阻碍个人职业上的进步。组织环境从内容上来说主要包括五个部分。

（1）组织特征

组织特征对企业内员工的发展空间有着决定性作用，其中包括企业的行业属性、产品的组合结构、生产的自动化程度等。除此之外，应该关注企业的类型，目标企业是劳动密集型的企业还是资源密集型企业，或者资本密集型企业？该企业对于人才的需求是什么样的，需要技术还是管理人才？自己是否符合企业的人才需求？

（2）组织发展战略

发展目标是核心，是一切企业活动开展的方向与中心，因此企业对人才的需要也深刻体现着企业的发展目标。对于在全新的领域与行业开拓发展阶段的企业来说，它们对于这个新兴领域的人才的诉求更为强烈；对正在进行结构调整的企业来说，组织与管理方面的人才则更受青睐。所以大学生在进行就业选择时，要充分了解和分析企业的发展战略，这关系到职业选择，更关系到自己个人的发展。

（3）组织文化

在组织文化角度要考虑企业的文化与自己的价值观的契合程度。倘若自己的价值观与企业文化存在出入，自己是否能够调整、适应？

（4）组织人力资源状况

在进行职业生涯规划的时候，要了解职工的年龄状况是什么样的？企业的晋升路径是不是透明？薪酬制度是不是清楚？绩效考核制度是不是健全？

（5）组织的人力资源规划

可以对一些大型企业的人力资源需求状况进行观察和分析，可以使求职者对自己可能拥有的机会有一个清晰的认识，以便制定更加合理的、切实可行的职业生涯规划。

2. 对社会环境的了解

由于职业生涯规划与社会环境之间存在密切的关系，前者会受到后者的重要影响，因此对社会环境展开深入的分析是进行长期职业生涯规划的必要准备。社会环境无时无刻不处于变化之中，其内容也十分复杂，可以将社会环境主要分为五部分，分别为政治与法律环境、社会文化环境、经济环境、人口环境、科技环境（见表 2-3-2）。

表 2-3-2　影响职业生涯规划的社会因素

经济环境	劳动力市场供求情况
	人们的收入水平
人口环境	人口规模
	年龄结构
	劳动力质量和专业结构

科技环境	计算机网络、新机器的采用等
政治与法律环境	户籍制度、社会保障制度、人事制度
社会文化环境	契约制、终身雇佣制

3. SWOT 分析方法

认识自我和了解外部环境是前提和基础，在完成这些工作之后，就需要分析环境对自己的职业生涯可能会产生的一系列影响，并且进一步分析自己的内在条件（如兴趣爱好、性格特长）、能力水平是否符合外在环境的要求，以及这些因素适应外在环境的可能性。

SWOT 分析法是在职业生涯机会评估中经常使用的方法，同时这种方法也是最基本的方法之一，利用这种方法可以使自己清楚地知道自己的优势与不足、机会与威胁。在 SWOT 分析法中，S 代表 Strength（优势），W 代表 Weakness（弱势），O 代表 Opportunity（机会），T 代表 Threat（威胁）。其中，S、W 是内部因素，O、T 是外部因素。对职业生涯机会的评估运用 SWOT 分析时，应遵循以下步骤。

（1）评估自己的长处和短处

每个人都是独一无二的，这主要表现在每个人都有自己的天赋，都有自己擅长的事情和突出的能力。当今社会的特点是分工明确，每个人都在自己所擅长的领域内从事着自己的工作。人的精力与时间是有限的，所以人们无法精通各种各样的工作。有的人性格外向，擅长交际，有的人一旦与陌生人接触便会忐忑不安。所以可以采取制作表格的方式，罗列自己的擅长的事情和兴趣所在。不足之处与不喜欢做的事也可以采用这种方法罗列出来，找到自己的长处和不足之处都具有特别的意义。基于这些分析，可以不断调整自己，修改经常犯的错误，提高工作的技能水平。此外，还可以放弃那些自己不擅长的或者职业要求很高的职业，去选择那些自己感兴趣或者擅长的职业。

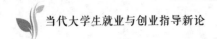

（2）找出外部的机会和威胁

每个行业及同一个行业的不同公司的都会面临一些机遇与风险，这些外部的因素往往对一个人的工作选择、工作效果及职业发展具有重要影响。通常来说，一个企业处于一种不利于发展的外部环境之中，那么自然进入这个公司可能存在的机会也是非常有限的，对于个人的发展也是不利的。倘若一个公司的外部环境十分优越，那么这个公司的发展前景是可观的，自然也可以给就业者提供更多的发展机会。所以要全面系统地分析企业的外部环境，分析其面临的机会与威胁。

采用 SWOT 分析法可以将自己面临的优势、机会、挑战、威胁等因素进行系统的分析，可以使自己生涯的前景更加清晰地呈现出来。值得注意的是，无论是对自身的分析还是对外界的分析都不是一蹴而就的，都是一个循序渐进的过程。只有对相关的信息进行充分的思考、准确的把握，甚至咨询老师与职业指导专家，才能更加系统准确地得出相应的结论。

（四）确定职业生涯目标

职业生涯设计需要确定合理的职业目标，这是职业生涯规划有效开展的关键。倘若没有职业目标，那么人在职业生涯中就会毫无头绪、漫无目的，如果所设置的目标可行性较低，那么人们就会因为达不到目标而产生挫败感，也会因为达不到目标而产生妥协、放弃的心理。

职业生涯的机会评估与自我评估是职业生涯目标设立的基础，因为只有对自己和环境充分了解，才能选择对自己而言最优的目标。

职业生涯目标的确定，可以从发展目标来确定，既可以从长期的角度上来制定十年目标、五年目标或者一年目标，也可以缩短设置的时间，制定短期的一个月、一周及一天的目标。从小目标做起，以小目标逐渐积累，逐渐实现长期目标，最终实现整个人生目标。

（五）选择职业生涯路线

职业生涯路线是指，一个人在职业发展的过程中是沿着技术方向发展还是沿着行政管理的方向发展。发展的路线决定了对人的要求，有的人的性格与能力适合从事学术研究，有的人适合管理企业、行政管理，也有的人适合从事商业经营，这些不同的职业发展路线对人们提出的要求是存在差异的。一个人选择错误的路线（不适合自己）会使他的职业生涯遭受许多挫折与阻碍，进而影响其成功的可能性。

职业生涯的路线是大致呈现出一个"V"型，大学毕业就面临"V"字型的两端：是选择行政管理方向还是选择专业技术方向。而每一条路线可以被划分为许多等级，这些等级可以给自己的职业生涯目标起到一定的参考性。无论是谁都很难做到"从一而终"，但是无论中间环节如何变动，大的方向应该是朝向自己职业生涯目标的。比如，可以在大学时期学习技术与管理知识，在进入社会之后锻炼自己的人际交往能力，随后进入公司的管理层，参与公司管理事务，再进入大公司担任中层管理人员，最后逐步担任大公司的管理人员。

选择路线的时候应该把握四个原则：符合自己的兴趣、选择自己擅长的、是自己所需要的及实现就业收益的最大化。在这四个原则的基础上考虑"我想往哪一路线发展""我能往哪一路线发展""我要往哪条路线发展"，对这三个问题进行详细的分析之后，选择对自己来说最佳的职业生涯路线。

（六）选择职业

俗话说"男怕入错行"，其实不仅仅对男性而言，工作的选择对女性同样重要，职业的选择直接关系到职业成功的可能性。在前文我们分析了职业选择的原则，下面分析职业发展中的因素。

"Who"："我是谁""我有什么样的能力与特点""什么样的生活方式是我所喜爱的""我擅长的领域在什么地方""我肩负着父母怎么样的期望"。把这些问题考虑清楚之后便有了职业选择的基础。

"What"："我的选择有什么""我的问题是什么""我作出的决定有什么影响"。

"When"：主要考虑时间的长短与事情的紧迫性。"完成我的计划需要多长的时间""缓冲期的时间有多少""预计完成计划的时间是什么时候"。

"Where"：空间、场所的因素。"什么样的工作环境是我所向往的""工作地点与我居住的地方之间的距离有多远"。

"Why"："作出选择或者排斥的原因是什么""选择职业最初是为什么"。

"How"："决定后，怎么样行动，怎样达到最终目标""在职业生涯中怎么样作出取舍""如何找到合适的工作""如何合理地安排时间"。

（七）制定行动计划与措施

选择职业是行动的基础和关键，选择固然十分重要，但是只有选择而不行动也无法获得事业的成功。行动是指具体措施，是实现目标的必要途径，这些途径包括教育与培训、实施与实践。具体来说，计划学习哪些专业知识、掌握哪些专业技能；计划多长时间达到职业生涯的目标；在实现职业生涯目标的过程中计划开发哪些潜能等。这些途径与实施行动，不能够太过笼统，而要具体化，否则就会阻碍行动的开展。随后便要按照职业目标的方向，逐步完成阶段性的任务。

（八）评估与反馈

常言道"计划赶不上变化"，无论所列计划与目标多么周全、详细，在实施过程中总会受到社会环境变化的影响，使实际情况与当初预期的计划产生偏差。事物时刻处在变化之中，职业领域更是这样。并不是所有的因素都可以被预测，因此对职业生涯目标与职业生涯规划的调整与修正显得格外重要。评估与反馈工作，可以不断加深对自己和对社会的认识，从而不断调整自己的策略与计划，获得更大的收获。对职业生涯设计的评估与反馈主要包括以下两个步骤。

1. 评估

对于个人生活与职业发展，职业生涯规划都具有鲜明的意义，是一种未来蓝图。在制定职业生涯规划的过程中，外在因素与内在因素都会对职业生涯规划的设定产生干扰，而且这些因素还会随着时间的改变而发生变化。职业生涯的规划具有纲领性意义，一切行动都以该规划为指引。因此在内在与外在因素发生变化时，要对现有职业生涯规划产生的效果进行评估。此外，在规划实施一段时间之后也要不断进行评估，从而能够及时将职业生涯规划调整到最佳的状态。

2. 反馈与修订计划

进行职业生涯规划的时候，需要考虑到日后可能会进行职业生涯规划的调整与修改。对于职业生涯规划修订，必须以职业生涯规划实施反馈回来的信息为依据。在进行职业生涯规划的修订要考虑以下四个方面。

第一，要对预定目标完成的进度，定期进行检测。

第二，完成一个阶段的目标之后，要根据完成目标的实际效果为依据，进行未来阶段目标的设定与修订。

第三，客观环境的改变影响到计划的执行。

第四，有效的生涯设计还要不断地反省修正生涯目标，反省策略方案是否恰当，以能适应环境的改变，同时可以作为下轮生涯规划参考的依据。

第三章 职业选择与职业发展新路径

本章为职业选择与职业发展新路径，从三个方面作了阐述说明，分别是职业选择与个性的关系、转变就业观念、探寻职业发展新路径。

第一节 职业选择与个性的关系

一、个性的含义与心理结构

在古希腊帕尔纳索斯山麓阿波罗神庙的巨大柱廊造型的石柱上，刻着苏格拉底的一句箴言："人啊，你要认识你自己。"无论是以认识人类自身为目标的心理学，还是中国传统文化中的"知己知彼，百战不殆"的大智慧，都在反复强调一个观点：了解自我。如果不了解自己，又如何选择适合自己发展的人生道路呢？

大量事实证明个性对职业选择起着很重要的作用。一个人的性格会影响职业的适宜度，进而影响能力的发挥，并最终影响其成就。

（一）个性的含义

个性也称为人格，是一个人的全部内在与外在独特品质的总和，是个人对别人施加影响与认识自己的独特方式。个性反映了一个人的整体精神面貌，是个人较稳定的心理特征（如态度、兴趣、个人行为倾向等），但不是完全不可改变的，只是个性特征，尤其是其中较深层、较基本的成分，改变起来很缓慢、很困难。

个性特征主要指个体典型的心理特征，表现为一个人区别其他人的独特性，如情绪体验的速度、强度、深度及动作的灵敏度、精确度等。个性具有以下基本特征。

1. 整体性与统一性

构成个性的各因素往往是相互联系、相互影响、相互制约的，它们有机地结合在一起，共同构成个人完整的个性心理结构系统。如果其中任何一部分发生变化，其他部分也将随之发生变化。在一个活生生的人身上，孤立的个性因素是不存在的。

2. 稳定性与可变性

一般来说，个性是稳定的、难以改变的。一个人在出生后，通过社会生活实践，逐渐形成一定的动机、理想、信念和世界观，从而使自己的活动带有一定的倾向性，在不同生活环境下，心理面貌总显示出同一品质。如一个容易激动的人，在工作岗位上处理问题时总是匆匆忙忙，与人有约时坐卧不安，遇见突发事件则惊慌失措。

个性的稳定性又是相对的，随着年龄的增长，以及环境和在人际交往中受到的影响等多种因素的作用，人的个性表现会随之变化。因此，个性也具有一定的可变性。

3. 共同性与个别性

人的个性是千差万别的，即便是同卵双生子，不管他们模样怎么相似，个性也不可能完全相同。因为一个人的个性是在遗传、环境和学习等许多因素影响下发展起来的，是心理倾向、心理过程、心理特征及心理状态等综合的心理结构。

每个人的个性都反映了自身独特的、与他人有所区别的心理状态和表现。如人们的兴趣、爱好多种多样，能力也各不相同，气质和性格的表现上更是"千人千面"。

共同性是指具有相同个性的人，其行为具有相似的规律。如内向的人多数表现出少言寡语的特点，多血质的人具有活泼好动的特征等。共同性不仅基于人的生物共同性，而且受周围环境的影响。

4. 生物性与社会性

人既有生物属性，又有社会属性，同样个性也具有生物性和社会性。人自然的生物特性是个性形成的基础，个性发展的道路和方式影响着个性的形成，但是不能把个性归结为先天的、固有的，也不能把它的发展看作由遗传决定的。每个人作为社会的一员，所处的各种社会关系是个性形成和发展的决定性因素，这些社会关系和所从事的实践活动，使人由单纯的生物实体逐渐成长为有意识的具有社会本质的社会实体。

（二）个性的心理结构

个性的心理结构十分复杂，是一个多层次、多侧面、复杂的有机统一体，主要包括个性倾向性和个性心理特征。

1. 个性倾向性

个性倾向性指人对社会环境的态度和行为的积极特征。它是决定一个人态度、行为的积极的选择性动力系统，是个性结构中最活跃的因素。它决定着人对现实的态度，以及人的认识和活动对象的趋势和选择。

个性倾向性主要包括需要、动机、兴趣、理想、信念和世界观等，是在后天培养和社会化过程中形成的，较少受到生理、遗传等先天因素的影响。其中，需要是基础，是个性倾向性乃至整个个性积极性的源泉，只有在需要的推动下，个性才能形成和发展，就像人饿了需要食物，累了需要休息，为了繁殖后代需要恋爱和婚姻，为了生存和发展需要工作等。动机、兴趣、理想等是需要的各种表现形式，居于最高层次的世界观处于主导地位，制约着人的思想倾向和整个心理面貌，是人们言论和行动的总动力和动机系统的最高调节者。

2. 个性心理特征

个性心理特征是人的多种心理特点的独特结合，是个性结构中最稳定、经常表现出来的特征因素，是具有决定意义的成分。其中包括完成某种活动的潜在可能性特征，即能力；心理活动的动力特征，即气质；对现实环境和完成活动的态度上的特征，即性格。

二、兴趣与职业选择

（一）职业兴趣对职业选择的影响

兴趣与职业目标、社会责任感融合起来逐渐转化形成职业兴趣。职业兴趣在职业活动中起着重要作用，主要表现在三个方面。

1. 职业兴趣是职业生涯选择的重要依据

兴趣是最好的老师，兴趣在一个人的职业发展当中扮演着强大的精神动力的角色。兴趣可以使人的精神、注意力充分集中起来，并且还可以提升人的智力水平，从而使人们在享受自己喜爱的工作的同时开展创造性工作。职业与生活是相似的，人们更愿意去寻找与自己兴趣相符合的职业类型。

2. 职业兴趣是发挥职业潜能的动力源泉

人全部的精力可以通过职业兴趣来进行调动，职业兴趣可以激发人们敏锐的观察力，调动人们高度的注意力。由于职业兴趣的存在，人们可以带着丰富的想象进行工作，如此一来就可以减轻工作的负担，甚至把工作变为一种乐趣，这对于提升工作的效率具有重要作用。如果从事感兴趣的工作，个人才能可能会发挥到八九成，而且由于在工作中处于无比享受的状态，所以即便长时间的工作也不会有明显的疲惫感。倘若从事不感兴趣的工作，才能也很难充分发挥出来。

3. 职业兴趣是保障职业稳定的重要因素

职业兴趣是智力开发的"孵化器"。对某一职业有浓厚兴趣，就愿意钻研，就会出成绩。通常来说，职业兴趣有无关系到职业生涯是否适应的问题。依据职业兴趣可以在选择职业生涯的时候获得比较有效的信息，求职者以职业兴趣为参考标准，可以对所选工作未来是否满意作出一定的预测，所选工作符合兴趣更有助于职业的稳定性。一个人职业生涯的适应程度十分重要，而适应性的重要因素在于所从事的工作是否能让自己满意。倘若一个人对自己的工作是非常满意的，那么这份工作大概率对他来说也是符合兴趣的，这样的工作才更加具有长期性和稳定性。

（二）职业兴趣的类型与匹配的职业

根据职业兴趣不同，可将人划分为九大类。

第一，愿与人接触。喜欢与人交往，对销售、采访、传递信息等一类活动感兴趣，匹配的职业有推销员、记者、教师、行政管理人员等。

第二，愿与事物打交道。不喜欢与人打交道，而喜欢同事物打交道，相应的职业有工程技术、建筑、机器制造、会计等。

第三，愿干有规律的活。喜欢常规的、有规则的活动，习惯在预先安排好的程序下工作，相应的职业有办公室工作、打字、统计员、档案管理等。

第四，喜欢具体的工作。希望很快看到自己的劳动成果，愿意从事制作等看得见、摸得着的工作，可以从中得到满足。相应的职业如室内装饰、园艺、美容、理发等。

第五，喜欢操作机械的技术工作。对运用一定技术、操作各种机械、制造新产品或者完成其他任务感兴趣。喜欢使用工具，尤其大型、马力十足的先进机器，相应的职业如飞行员、驾驶员、煤炭开采等。

第六，喜欢从事社会福利和助人工作。乐于助人，并试图改善他人状况，为他人排忧解难，相应的职业有律师、咨询人员、科技推广人员、医生等。

第七，愿做领导和组织工作。喜欢掌控事情，希望受到众人的尊敬和获得声望，相应的职业有各级行政人员、企业管理干部、学校领导和各种管理层人员等。

第八，喜欢研究人的行为。对人的行为举止和心理状态极其感兴趣，喜欢讨论人的问题和相关的事情，相应的职业有心理学、政治学、人类学、教育管理等。

第九，愿从事科学技术事业。擅长理论分析，对分析的、推理的、测试的活动感兴趣，喜欢独立解决问题，相应的职业如各类科学研究、社会调查、经济分析等。

当然，兴趣广泛的大学生在选择职业时，要考虑社会需求和外界的客观现实条件，遵循人格适宜性、职业兴趣性和能力胜任性原则，寻找切实的职业兴趣。注意不能盲目攀比，应扬长避短。

三、气质与职业选择

气质指心理活动在强度、速度、持久性、灵活性及指向性方面的典型而稳定的个性心理特征，具有明显的天赋性，是个性结构中最稳定的成分。俗话说"江山易改，禀性难移"，"禀性"就是气质。它虽不能决定一个人活动的社会价值和成就的高低，却是影响人行为活动的重要因素。

不同的职业对人的气质有不同的要求，而不同的气质则适合从事不同类型的职业。依据气质在人身上的表现，心理学家把人的气质划分为以下四种类型。

（一）多血质

这类人热情、开朗、充满自信，善于交际、活动能力强，属于敏捷好动的类型，对职业有较强的适应性，对外界事物反应迅速、强烈但不深入、不持久，注意力容易转移，尤其对单调、机械和琐碎的工作及缺乏竞争和刺激、循规蹈矩的工作一般不感兴趣，也不能持久。这类人通常适合从事多变和多样化的、抛头露面、交际方面的职业及管理、服务工作，如政治家、外交人员、记者、公关人员、律师、秘书、艺术工作者等。

（二）胆汁质

这类人热情、直率、精力旺盛、勇敢积极，但心境变化剧烈，易冲动，属于兴奋热烈的类型，表现为有理想和抱负，有独立见解，反应迅速，行为果断。他们能以极大的热情去工作，并克服工作中的困难，但若对工作失去信心，情绪即会低沉下来甚至转为沮丧而心灰意冷。这类人不适宜从事细致

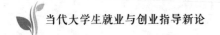

性的工作,而通常适宜从事竞争激烈、开拓性、风险性强或要求反应果断而迅速的职业,如体育运动员、改革者、实业家、探险家、地质勘探者、登山员等。

(三)黏液质

这类人安静、稳定、沉着、含蓄,心理平衡性好、自制力强,属于缄默、安静的类型,能够高质量地完成那些需要埋头苦干及长时间集中注意力、有条不紊的工作。其不足之处是过于拘谨,不善于随机应变,固定性有余,灵敏性不足。因此,这类人不适宜反应迅速、具有冒险性的工作,而适合从事细致、严谨、有条理、持久性的工作,如教育、医务、会计、法官、图书管理员、营业员等。

(四)抑郁质

这类人内向、敏感、观察力敏锐、情绪体验深刻,处事谨慎、反应慢、缺乏自信,属于呆板、羞涩的类型。在精神上难以承受或大或小的神经紧张,常因微不足道的小事引起情绪波动,多愁善感;兴趣爱好少,与人交往拘束,喜欢独处。对于力所能及的工作,不论什么岗位,只要肩负责任,都能认真完成,毫不懈怠。但耐受性差,在困难面前易产生惊慌失措的情绪。

这类人一般不适宜做对灵活性要求高的工作,而适合从事理论研究及要求认真沉稳、敏锐精细的工作,如哲学研究、基础理论研究、检验员、刺绣工作、雕刻工作等。

人的气质本身无好坏之分,每种气质都有积极和消极的方面,且具有相对稳定性。多数人都是几种气质类型兼具的混合体,可以后天锻炼改造。气质特征是影响一个人职业的关键因素,也影响着一个人在职业活动中的职业成就。在职业选择中,大学生都应从自身实际气质特征出发,认真考察职业气质要求与自身特征的对应关系,找到适合自己气质类型的工作。

四、性格与职业选择

性格是职业选择的前提，心理学界一般把性格定义为：表现在人对现实的态度及与之相适应的、习惯化的行为方式方面的个性心理特征，是个性特征中最具核心意义的心理特征。与气质有明显区别的是，性格是在后天实践中形成的，具有相对的可变性和可塑性，受社会行为准则和价值标准的评判，有好坏之分。同时，性格对其他个性心理特征具有重要影响，性格的发展规定了能力和气质的发展，影响着能力和气质的表现。

人的性格与职业的适应性有密切联系，各种职业都需要有相应性格的人来从事，而某种性格的人又比较适宜从事某些职业。从事与自己的性格相符的职业，通常能让人发挥己长，且较乐意投入工作，对工作有高度责任感，更能胜任工作。

当人的性格与职业需要的性格相反时，工作效果往往事与愿违。例如，让一个比较缄默的人从事产品销售工作，缄默的人往往乐群性较低，喜欢对事不对人，而产品销售需要进行大量人与人之间复杂的情绪交流，那么在工作过程中，缄默的人不可避免地会有很多心理冲突，这会影响工作业绩。

（一）依据性格与职业选择的关系划分性格

美国职业指导专家霍兰德依据性格与职业选择的关系，将性格划分为现实型、研究型、艺术型、社会型、企业型和常规型，又称霍兰德六边形人格。

其中每种特定类型性格的人，会对相应职业类型中的工作或学习感兴趣。

1. 现实型（R）性格

此类性格具有内向、顺应等倾向，这种性格的人喜欢有规则的具体劳动和需要基本操作技能的工作。对于机械和物体显示出强烈关注，但缺乏社交能力，不适应社会性质的工作。其典型职业包括技术型（如制图员、机械装配工等）和技能型（如一般劳工、技工、修理工、农民等）。

2. 研究型（I）性格

此类性格具有深思熟虑、分析、内省等倾向。这种性格的人对于理论思维和数理统计有浓厚兴趣，喜欢智力的、抽象的、分析的、独立的定向任务这类研究性质的职业，但缺乏领导才能，独立倾向明显。其典型职业包括科学研究人员、教师、医师、工程师等。

3. 艺术型（A）性格

此类性格有冲动、情绪化、理想化、不重实际等倾向。这种性格的人有艺术、直觉和创造力，对机械性及程式化的工作缺乏兴趣，而对创造性的、想象性的、具有自我表现空间的工作显示出明显偏好。其典型职业包括音乐家、画家、作家、室内装饰家等。

4. 社会型（S）性格

此类性格有友善、乐于助人、负责、亲切等倾向。这种性格的人喜欢社会交往、关心社会问题、有教导他人的能力，适合从事咨询、培训、辅导、劝说类工作。其典型职业是社会工作者和教育工作者等。

5. 企业型（E）性格

此类性格有进取、独断、自信、善社交等倾向。这种性格的人富有表现力与指导力，喜欢影响、管理和领导他人，期望权力和地位，追求政治、经济上的成功。其典型职业是政府官员、企业领导、销售人员等。

6. 常规型（C）性格

此类性格有顺从、谨慎、保守、有效率等倾向。这种性格的人有写作或数理分析的能力，能够听从指示，完成琐碎的工作，重视形式与规则，喜欢组织与秩序。其典型职业是秘书、办公室人员等。

（二）职业性格

不同职业有不同的性格要求。虽然性格不能百分百适合某项职业，但可以根据自己的职业倾向来培养、发展相应的职业性格。近年来，我国一些教育心理学研究人员结合我国实际情况，将职业性格分为八种基本类型。

1. 变化型

喜欢有变化的工作，在新鲜的、意外的活动或工作情境中感到愉快，经常转移注意力，如记者、推销员、演员等。

2. 重复型

适合连续从事同样的工作，按既定的计划或进度办事，喜欢重复的、有规律的、有标准的工种，如纺织工、机床工、印刷工等。

3. 服从型

愿意配合别人或按别人的指示办事，不愿意独立决策和承担责任，如办公室职员、秘书、翻译等。

4. 独立型

喜欢安排计划自己的活动，指导别人的活动或对未来的事情做出决策，在独立、负责的工作情境中感到愉快，如管理人员、律师、警察等。

5. 协作型

善于协调、引导他人，与人协同工作时感到愉快，并希望得到同事们的喜欢和认可，如社会工作者、咨询人员等。

6. 机智型

在紧张、危险的情况下能控制自如、沉着应对，发生意外差错时能镇静自若，并出色地完成任务，如驾驶员、飞行员、消防员等。

7. 表现型

喜欢表现自己的爱好和个性，根据自己的感情做出选择，能通过自己的工作来表现自己的思想，如演员、诗人、画家等。

8. 严谨型

注重工作过程中各个环节和细节的精确性，愿意按规划或步骤严格、努力地工作，并倾向于看到自己出色的工作效果，如会计、统计员、图书档案管理员等。

"性格决定命运"，大学生在选择职业前有必要借助科学手段了解自身的性格类型，以及适合自己的职业领域，找准自己的职业倾向，这样在职业生涯中就会少走弯路。

五、价值观与职业选择

一个人的价值观相对稳定，而且持续终身，所以明确自己的价值观是职业生涯决策过程中非常重要的步骤。

（一）价值观的概念

价值观是指个人对客观事物（包括人、物、事等）及对自己的行为结果的意义、作用、效果和重要性的总体评价，是推动并指引一个人采取决定和行动的原则、标准，是个性心理结构的核心因素之一，它使人的行为带有稳定的倾向性。对诸事物的看法和评价在心目中的主次、轻重的排列次序，就是价值观体系，价值观和价值观体系是决定人行为的心理基础。任何人在选择职业时都会受到一定动机的支配，而择业的动机一般都是由价值观决定的。在选择职业的过程中，人们总是盼望所选择的职业能够满足自己的某种物质和精神需要。价值观是一种基本信念，它带有判断色彩，代表了一个的是非好恶标准。每一个求职者由于所受教育的不同和所处环境的差异，在职业取向上的目标和要求也是不同的。决定人选择的，往往是人的职业价值观。例如，是要工作舒适轻松，还是要高标准的工资待遇；是要成就一番事业，还是要安稳太平。最终影响人们决策的是存在于内心的职业价值观，而人们有时对自己的价值观并不是很清楚。

（二）价值观的分类

德国心理学家斯普兰格将人的社会生活分为六个方面，与之相应地将价值分为社会型、经济型、宗教型、政治型、艺术型和理论型六类。

（1）社会型：以爱护他人、关心他人为职责，热心社会活动，喜欢与人交往，能容忍他人，肯牺牲自己。

（2）经济型：重实务，讲享受，追求实用价值。

（3）宗教型：相信命运，注重超自然的力量和感觉的东西。

（4）政治型：喜欢支配和控制他人，具有反抗精神，爱表现自己，依从权威。

（5）艺术型：也称审美型，注重外在形象美和心灵的感受，用美来衡量客观事物，自己也注重给人以美感。

（6）理论型：求知欲强，富于幻想，喜欢空谈，爱做理论分析，不愿与人交往。

（三）价值观与职业

俗话说"人各有志"，所谓"志"就是志向，在职业生涯选择的层面上，其含义便是职业价值观。职业价值观可以使人在择业的过程中保持鲜明的目的性，强烈的自觉性及无比的坚定性，而这些品质也决定着职业生涯目标的实现。对于一个人整个的职业生涯发展来说，职业价值观代表了一种方向性，因此具有无比重要的地位。职业价值观的影响从某种程度上来说甚至超过了兴趣和性格对择业的影响，因此明确职业价值观是一个人进行职业生涯规划的必要前提。

价值观是可以发生变化的，因为人们的需求随时可能发生变化。在这个多元价值体系的时代，个人的价值观常常是混乱的，所以个人需要对自己的价值观进行探索。一个人越清楚自己的价值观，越了解自己在工作和生活中想要寻求什么、什么对自己来说是最重要的，生涯发展目标也就越清晰。即使是在鱼与熊掌不能兼得的情况下，也能做出比较理智的决策。

心理学家马丁·凯茨找出了十种与工作有关的价值观。

（1）高收入：指足够生活的费用之外还有可以随意支配的经费。

（2）社会声望：指是否受到人们的尊重。

（3）独立性：指可以在职业中有更多地自己做决定的自由。

（4）帮助别人：愿意把助人作为职业的重要部分，帮助他人改善其健康、教育与福利。

（5）稳定性：在一定时间内始终有工作，不会被轻易解雇，收入稳定。

（6）多样性：所从事的职业要参与不同的活动，解决不同的问题，不断变化工作场所，结识新人。

（7）领导力：在工作中可以控制事情的发展，愿意影响别人，承担责任。

（8）在自己感兴趣的领域中工作：坚持所从事的职业必须是自己感兴趣的领域。

（9）休闲：把休闲看得很重要，不愿意让工作影响休闲。

（10）尽早进入工作领域：希望节省时间和不支付高等教育的费用而尽早进入工作。

第二节　转变就业观念

一、向市场经济下的就业观念转变

市场经济呈现出多元化、竞争性、开放程度广、流动性强等一系列特点，这些特点深刻影响着市场上的就业环境及大学生的就业认知水平。

（一）多元化

市场主体的多元属性是区分计划经济和市场经济的重要参考。"国家—单位"模式是计划经济下的模式，这种模式的特点是单一性。这种模式的优势在于国家参与大学生的就业，或者说大学生的就业分配是在国家的统筹规划下进行的，由于有国家的直接干预，就业困难的问题并不存在。在这种模式中，大学生就业被分配的主要单位是一些国有企业单位，此外也包括一些政府单位与事业单位等。市场经济的竞争主体是多元化的。这些多元化的主体之间相互竞争，优胜劣汰，通过这种方式实现资源的有效配置，平衡供需情况。中国的市场经济也在中国加入世贸组织之后发生重要变化。国有企业不再是市场经济的全部，民营经济与外资企业都在这个阶段注入市场经济中，为其增添了新鲜血液，同时由于多种竞争主体的加入，市场变得更加风起云涌，这种转变对大学生就业的影响主要表现在如下方面：

（1）传统的国家主导"包分配"的就业形式，被大学生进入市场与企业进行"双向选择"的就业形式所取代。

（2）大学生毕业的主要去向不仅仅集中于国有企业，越来越多的大学毕业生进入民营企业、外资企业，并发挥重要作用。与此同时也有很多学生进行自主创业，就业的去向变得丰富和多元化。

（二）竞争性

在原来计划经济体制下，市场由国家牵头，单一调配，但在多元市场经济条件下，资源的配置不断优化与更新，如国企与民营等，它们主体间的竞争促进了今天中国的飞速发展。现如今大学生能否转换为人才，是要通过竞争来证明的。所以，市场经济环境下的大学生就业竞争日趋激烈。

（三）开放程度广

改革开放以来，我国人才衡量标准也有了显著的变化。传统的计划经济体制之下，人们通常信奉"唯学历论"，衡量人才的标准是"身份认同"：人们认为大学生的能力要比非大学生的能力出众，本科生的综合素质一定高于专科生。随着社会的发展，这种传统的、固化的人才评判标准已经不再适应时代的发展。随着改革开放逐渐深化，如今已经不是唯文凭走天下的时代，要考量大学生的综合能力。在市场经济条件下，大学毕业生既有机遇也有挑战，机遇使人才的衡量标准从单纯的身份认同转向能力认同，挑战则对大学生的综合能力有了更高的要求。

（四）流动性强

如果说"铁饭碗"是计划经济条件下人们就业状况的形象写照，那么流动性则是市场经济条件下人们就业行为的生动写真。计划经济体制总体上是一个相对封闭的体系，每个人都被安排在某个单位、某个岗位，它不仅是工作，也是人们安身立命的生活场所。然而，在市场经济条件下，企业与人才不再是终身制，而是双向选择的契约式关系，所以市场经济条件下的人才是流动的。

综上所述，从计划经济到市场经济的转变，对大学生职业认知、就业模式、就业去向都产生了深远的影响。当代大学生的就业去向有了更多选择，不再是盲目前往国有单位，而是自主择业基础上的多元化选择，获得社会的认可依赖于大学生自己的综合能力。因社会经济体制的变化，大学生在就业与择业过程中，必须直面激烈的市场竞争，这就要求大学生必须对自己有合理定位，必须在不断流动与终身学习中寻求更高的职业发展。

二、向自主择业型转变

我国大学生就业制度经历了从政府主导下的"包分配"到"双向选择""自主择业"的过程。

（一）政府主导、统包统分阶段

《关于1977年高等学校招生工作的意见》指出，"普通高等学校招生和毕业生分配按照国家计划执行"。1981年国务院出台的《普通高等学校毕业生分配工作的报告》，该报告提出要实行"抽成调剂，分级安排"毕业生分配办法，这种分配办法以国家的统筹规划为原则。同年10月，教育部、国家计委、国家人事局印发了《高等学校毕业生调配派遣办法》，规定学校要根据毕业生调配计划，参照用人单位的要求和毕业生的具体情况，合理确定分配名单。

在我国改革开放的初期，这些文件确立了我国大学毕业生的基本就业制度，这种就业制度的特点是国家统包分配，是一种自上而下的就业分配方式，并且由于在改革开放初期，各行各业都需要发展，对人才的需求十分旺盛，因此大学生的就业形势一片向好。这种就业制度的优势在于大学生不存在就业困难的问题，但是这种制度也有其缺陷与不足，那就是大学生择业缺乏自主性，国家为大学生分配就业，无法使大学生充分发挥自己的特殊优势，往往出现不能"物"尽其用的情况。

（二）双向选择、自主择业过渡阶段

1997年，教育部文件《高等学校毕业生就业工作暂行规定》明确提出供需见面和双向选择策略，这使大学生就业方式有了新突破，如部分改革学校的毕业生，可以在国家规定的服务范围内自主择业。

在这个阶段大学生的就业制度发生了变化，由改革开放初期的国家统筹分配向自主择业转变。在这个时期大部分的毕业生在国家方针的指导下，通过人才劳务市场实行自主择业。改革开放初期由于发展的需要及大学毕业生的数量相对较少，就业问题困难的情况并不突出。而这个时期由于毕业生和用人单位之间逐渐形成了一种"双向选择"，就业问题也初步显现出来。

（三）自主择业制度的实施阶段

2002年，《关于进一步深化普通高等学校毕业生就业制度改革有关问题的意见》明确提出了要以市场为导向的就业方针，指出引导高校毕业生到基层、到中小企业就业是解决高校毕业生就业问题的主要途径。2005年，在《关于引导和鼓励高校毕业生面向基层就业的意见》中，就做好引导和鼓励高校毕业生到基层自主创业与灵活就业、建立高校毕业生就业见习制度、选调生制度等方面做了具体部署。2009年，《关于加强普通高等学校毕业生就业工作通知》中，要求把高校毕业生就业摆在当前就业工作的首位，采取切实有效措施，拓宽就业门路，鼓励高校毕业生到城乡基层、中西部地区和中小企业就业，鼓励自主创业，鼓励骨干企业和科研项目单位吸纳和稳定高校毕业生就业。

这一阶段是我国经济社会制度的深化改革阶段，市场经济的发展和传统隐性的就业问题开始显现，是我国大学教育从"精英教育"转向"大众教育"

的阶段，是大学专业设置与教学改革后服务于经济社会发展的阶段，高校毕业生的就业压力日益增强。为了适应我国经济的高速发展，高校毕业生"双向选择、自主择业"的就业制度正式确立。

综上所述，我们可以看到，国家就业制度的变迁，既是为了适应社会所需，又是为了大学生寻找新的就业方向。

三、树立市场经济条件下理性化的就业观念

随着国家就业制度的变迁，社会主义经济的发展，大学生的职业观念也必须发生转变。大学生既要直面市场竞争，又要选择多渠道的就业方式。这就需要大学生重视能力素养，调整职业认知，优化各种知识结构。

大学生就业观念正在发生转变，从事行业、单位所在城市，都成为学生就业的重要选择依据，如目前国企、公务员还是大多数毕业生的首选。城市对大学毕业生的职业选择的影响依然较大。近年来，就业形势相对不乐观，"北上广深"一线大城市的就业压力大，生活成本较高，这些城市不再是大学生的首要选择，但是依然有很多大学毕业生将一些发达城市及省会城市作为自己工作城市的首要选择，这种情况导致地级市尤其是西部城市人才需求大而且本地区的人才流失严重。如何调整这些城市的基层人才需求与大学毕业生就业困难的现象，成为当前就业政策转变的重点。同时，引导大学生深入基层，建设祖国西北地区也需要社会加大宣传力度。

这些年来国家大力组织"西部服务计划""大学生村官计划""选调生计划"，大学生基层就业、建设西北的意愿变得越来越强烈，甚至出现了一定的竞争现象。总的来看这是一种良性现象，能有力地推进基层与国家的西北部建设。

大学生的职业认知受到经济社会的变迁和就业制度的影响比较明显。因此，对大学生就业认知的引导，一方面要求大学生基于本身实际情况作出合理选择，同时也需要政府、社会、高校来共同关注大学生的就业，宣传国家政策，合理引导大学生树立科学的、理性的就业观念。

（一）纠正扭曲的择业观

有些大学生对择业、就业过程中的一些问题缺乏清醒认识，究其原因是他们对社会与社会的职业认识水平十分有限，这些情况使大学生的就业观存在偏差甚至是扭曲的。有的用人单位"唯学历论英雄"，简单地将文凭与能力画上等号，认为学历是能力的直观表现，能力是学历的深层内容。这种情况使大学生对于学历盲目追捧，而忽视了对专业知识的深层次学习，也忽视了专业技能的培养，一切学习都变得机械和功利。往往将自己在职业发展上的不顺利归结为学历的不足，或者有的大学生名校毕业，择业时不愿意从基层做起，好高骛远。要纠正这种"唯学历论"的择业观。

专业知识是大学生知识体系的主干，大学生就业选择时，要根据自己的专业特点选择合适的职业，从而发挥自己专业的优势与长处，进一步实现"人尽其才"的效果。有的学生在择业的时候，漠视自己的专业情况，盲目追求高薪、舒适的热门职业，而对自己所学习的专业相对口的工作嗤之以鼻，这种扭曲的择业观也要加以修改。

（二）发挥政府主导作用

政府已出台多项就业扶持政策，要做好宣传，紧抓落实，拓宽大学生就业渠道，加大创业扶持力度。要完善企业法规，出台政策鼓励各行各业吸纳大学生就业，同时也要关注就业困难群体，通过各种法规资助就业困难生就业，但目前中小民营企业的调控力度还需要加强。

（三）建立校企联动模式

高校教学与社会发展的需要应该紧密地联系在一起。通过完善实习制度，加强校企合作，并且对大学生毕业的制度进行有针对性的调整，从而全面提升大学生进入社会的适应能力。长久以来，我国的教学模式受传统的办学与教育观念的影响很深，对学生的教育更加注重理论，轻视甚至忽视实践，这使学生的专业技能也有所缺失，这种状况与社会、企业的需求是不协调的。很多大学生毕业进入社会后无所适从，归根到是因为自己在学校所学的知识与技能无法和社会的需要相匹配，而企业出于运行成本的考虑以及追求效益最大化的目标，无法给学生提供更多的时间和机会去提升专业技能。针对这种情况，必须建立企业、学校、毕业生三者之间的联动机制，形成产教融合的教学模式。要把人才培养与就业紧密联系在一起，教学融入企业生产，做好理实一体化改革，这样培养的学生才能更好地融入企业、服务社会。

第三节　探寻职业发展新路径

一、大中型企业就业与职业发展新路径

国有企业、民营企业为传统大中型企业两巨头，两者皆是我国国民经济的重要组成部分和新时代中国特色社会主义的支柱，是生产力发展和科技进步的主导力量。尤其在现阶段，我国以公有制为主体，多种所有制经济共同发展的基本经济制度下，大中型企业的支柱作用尤为重要，它在国民经济的关键领域和重要部门中处于支配地位，对整个经济发展起着决定性作用。

（一）大中型企业的就业现状及问题

近年来，国有企业对求职者的吸引力越来越强，一些国有企业的营业收入稳定增长，国企员工的收入在稳中提高，国企的发展前景很被看好。另外，在税收、土地管理、社会保障等方面的扶持政策也表明国企有良好的发展前景。而大中型民营企业创造的就业机会更多，升职加薪空间更大，能够提高职场幸福感。大型知名企业更受到名校大学毕业生的青睐。比如，浙江大学2019届毕业生签约排名前三的企业分别为华为、阿里巴巴、网易。但是国有企业在招聘中也存在一些问题：一是国有企业在人才招聘时逐级审批流程较长，时效性、机动性较低，制定具体的人才招聘要求、招聘方案的设计、开

展招聘的过程、招聘结果的公示等各环节往往需要数月，求职者需要耐心地等待。二是在优秀人才、特殊岗位人才的岗位设置、招聘实施方面，方案与流程灵活性不强，不能切合现今人才的实际需求。人才资源获取方面，二、三级子公司人员招聘流程、具体岗位的招聘办法，往往以集团宏观方针为基础，方案老旧，缺乏精细化、精准化、个性化设计；相反，青年人较看重的工作氛围、工作环境、企业核心价值与文化等因素，没有在招聘信息、面试环节中有所体现。三是招聘渠道单一，招聘频次较少。高校招聘主要集中在毕业黄金季，即 9～11 月，通常开展 1～2 场学校招聘会；在招聘渠道方面，使用本单位企业网站的较多，兼顾 1～2 家平台发布招聘信息，并未主动寻找、广泛挖掘优秀人才。

大型民营企业需要面对复杂的市场竞争，对未来的经济、政策等领域发展嗅觉更灵敏，为了获得竞争优势，民营企业需要快速调整业务方向。因此，在人才招聘中企业更加看重员工的素质和能力，注重求职者的适应能力、学习能力、合作能力、抗压能力等。为了激发员工的潜力，企业制定了完善的绩效考核方案，奖优罚劣。例如，华为在员工奖励方面不分职级，不看资历，只看贡献，因此竞争压力大，淘汰率高。为了适应企业的生存与发展，企业一般会做人才储备，培养梯队人才，同时在绩效指挥棒的引导下，秉持"不拘一格降人才"的理念，注重人才的个性化选拔与培养，注重员工与职位的匹配，将人才的潜力最大限度发挥出来，为企业创造更大的价值。

（二）企业人才招聘与职业发展新策略

为了适应新的人才需求与供给形势，国有企业在人才招聘和员工的职业生涯发展方面制订了新的策略。

（1）建立新型的人才招聘理念。国有企业在大力发展经济建设的同时，要不断革新传统观念，树立新型人才观和人才招聘理念，在招聘人员时更加注重人职匹配，提高员工入职后的职业幸福感和职业发展动力。

（2）制定科学、规范的人才招聘规划。国有企业在招聘时，从集团公司至二、三级项目公司逐步建立了系统性、规范性的人才招聘工作流程与框架。将有效的招聘思路确立与招聘方案制定作为切入点，掌控招聘工作的整体统一与特殊环节，以便更好地开展人才招聘工作。

（3）不断拓展招聘途径的广度与深度。不断拓展外部招聘渠道，提前对接目标院校，针对不同专业的学生制定有吸引力的职业生涯方案，保证校招的深度开展。充分使用招聘网站，使用多种形式开展专业技能型、综合类人才的简历筛选；同时，积极开拓内部招聘渠道，不断深化集团内部的人才流动，从项目公司中选拔优秀人才进入子公司或集团公司。

（4）营造公平就业的环境。近年来，国有企业对人才的重视程度大幅度提高，摒弃性别和户籍等外在因素造成的就业不公平现象，出台优惠政策吸引人才，实现大学生人力资源跨行业、跨区域的自由流动，营造大学生公平竞争的环境，做到岗位面前人人平等。

民营企业为了更好地吸引人才，积极提高人才的福利待遇，为员工制定更加完善的职业发展策略，提高员工的归属感、幸福感和凝聚力，主要包括以下三个方面。

（1）个性化激励制度。企业家认识到激励机制的重要性，运用股权这一利器，进行个性股权激励方案设计，做到奖金及时兑现。在华为的薪酬福利体系中，无论是科学家、管理者还是技师，都有各自不同的激励方式。

（2）公正和透明的氛围。让所有为企业创造价值的员工都能得到客观公正的评价，实现多劳多得。重视企业气氛建设，绝不让真正的奋斗者吃亏，保障每一位贡献者的合法利益，激励员工不断地朝正确的方向前进。

（3）加大人文关怀力度，强化企业思想政治工作。企业人文关怀的价值在于增强员工的归属感和向心力，通过心理关注与困难帮扶体系，以及共建共享制度和送温暖工程的实施，让员工心情舒畅、充满活力地为企业和社会创造价值。近年来，民营企业也加强了思想政治工作，一方面在企业建设党的组织，开展组织生活，发挥党员同志的模范带头作用。另一方面提升员工的家国情怀，增强员工的民族自豪感和实现中华民族伟大复兴的使命感，把爱企业、爱国家、爱社会主义、爱中国共产党统一起来，提升企业员工的思想境界和奋斗驱动力。

（三）大学生在大中型企业的职业发展

进入国有企业之后，根据所有岗位的性质特征，毕业生大致有三条职业发展路径：单通道职业生涯路径、双通道职业生涯路径，以及网格管理职业生涯路径。这些路径可以为国有企业员工的职业生涯发展提供参考。

单通道职业生涯路径的技术性岗位依次为技术员、助理工程师、工程师、高级工程师、总工程师；管理岗位依次为职员、部门主管、部门经理、区域经理、总经理。双通道职业生涯路径依次为新进员工、一般技术管理人员、业务主办（或工程技术主管）、基层经理、中层经理（或副主任工程师）、高层经理（主任工程师）。网格式职业生涯路径是指作为企业内复合型优秀人才沿着上述职业生涯路径发展，或是进入其他职业生涯路径，打通技术生涯路径、营销管理生涯路径和行政管理生涯路径的壁垒。大学毕业生进入国企后制定自己的职业发展路径时，要选择最符合自己兴趣和技能的发展道路。

进入民营企业后，作为新员工要充分分析自身条件，了解企业存在和发展的社会条件、经营环境、企业基本情况、企业发展战略、组织结构发展规模、人员需求计划、职务指南，制定职业生涯规划，快速提升自己。

大学毕业生进入民营企业后，职业生涯发展路径大致包括两个方面：一个是管理路径，另一个是专业技术路径。首先第一个方面管理路径是指，在企业内部，员工从事相关的管理岗位的工作，晋升就需要承担更多的责任纵向发展路径。这种路径会使员工的工作始终处于一个职能部门内部或者是一个组织内部，在部门或者组织内部当中，员工的晋升与职业地位很大程度上与其在企业中工作的时间密切相关。第二个方面专业技术路径是指，员工的晋升考核内容主要是专业技术上的经验积累与技能水平的职业发展路径。处在这一路径上的员工则只有不断提升自己的技能水平，不断积累专业技术上的经验，实现技能层级的提升从而获得更高的职业地位与薪酬待遇。这种提升技能水平而带来的层级的提升常常会使员工充满荣誉感。

二、公务员就业与职业发展新路径

高校"考公务员热"现象说明大学生盲目追求稳定职业，而不是从自身的兴趣、专业、能力和社会需求出发选择职业。随波逐流、盲目跟风，择业定位不明确等，是大学生择业时的普遍现象。大多数大学生认为公务员福利待遇好，职业稳定性高，而对公务员的工作内容、职责和职业发展路径并不十分了解。由此造成大学毕业生千军万马过独木桥，进入公务员队伍，然后又发现这样的工作环境不是自己想要的，从而错失职业发展机会。

（一）公务员就业现状及问题

2020 年，公务员招录暂呈上升趋势，2020 年和 2021 年国家公务员和地方公务员相比上一年均扩招 50%左右。由于公务员招录的对象相对固定，因此每年的报考人数变化幅度也不大。即使如此，公务员依然是大学应届毕业生的一个热门选择，公务员每年招录的应届毕业生在五成以上，大多数省份的应届毕业生岗位设置超过一半。公务员逐渐成为"稳定"职业的代名词，其热度不减，求职者、网民和培训机构等对其的关注度也居高不下。许多问题也随之暴露在公众视野中。

（1）公务员考试难度较大。公务员考试范围广、题量大，考试时间紧凑，重点不好把握。许多岗位招录人数较少，却吸引了上千人报考，这使公务员考试的竞争越来越激烈。由于公务员选拔的标准化，考生需要较长备考时间，机会成本较大。再加上大学生缺乏工作经验，公务员考题偏重解决实际问题，需要有一定社会经验，大学生很难适应和发挥真实水平。许多人为了报考公务员，临时抱佛脚，选择进培训班补习，做了许多无用功。

（2）晋升难度大。公务员系统有严格的晋升机制，2019 年 6 月修订的《中华人民共和国公务员法》实施后，按新的"职级并行"政策，只要名额不够，年限满了职位也不一定能晋升。同时按部就班的工作模式不适合喜欢挑战自我的大学生。

（3）公务员的特殊性导致其工资待遇普遍不高。我国公务员的收入水平很重要的一个决定因素是当地的财政能力，由于地区财政的预算不同，各地区的公务员薪资待遇也不同。一般来说，我国长三角地区薪资可能是西部地区的 2～3 倍，而基层公务员的工资普遍较低，仅能保证基本的生活需要。相较于其他职业，公务员中后期收入是根据职级稳定增长的，几乎没有爆发性增长的可能。

（二）公务员职业发展新策略

为了提升公务员队伍成长的内在动力，解决公务员工作效率低下的问题，各级政府进行大力改革，制定了许多制度和措施，促进公务员的职业发展。

（1）改革用人机制，实行优胜劣汰。为了促进公务员的创新改革意识，提高工作效率和工作质量，政府机关单位以问题导向开展工作，目标层层压实，定期评估，追究工作中的失职行为，个人工作业绩放入个人发展档案。

（2）实行轮岗制度，全方位培养干部能力。从培养锻炼干部出发，建立基层公务员交流轮岗的长效机制。根据公务员的个人素质、工作特长及培养方向，坚持个人意愿与组织安排相结合，把握好横向与纵向、职位与行业的关系，多形式、多方式、多途径地定期集中开展跨部门交流和内部轮岗工作。通过挂职的方式，让 35 岁以下的科员和办事员到乡镇机关、村和社区等地锻炼 4～5 年，积累基层工作经验；让 35 岁以上的科员和办事员到县级机关等挂职锻炼，加强其对法律法规和较强政策性工作的学习。从而保证干部队伍中个人能力的多样性、全面性，努力推进基层公务员交流工作的常态化、制度化，提升公务员队伍的活力，为基层公务员提供良好的成长机制和发展机会。

（3）实行公务员职务与职级并行制度。2019 年 6 月我国开始全面实施新修订的《中华人民共和国公务员法》，这进一步完善了公务员分类管理制度，传统的"非领导职务"的概念被新的"职级"所取代。实行职级管理，开辟公务员管理的第二条路径与通道，职级直接影响公务员的待遇水平。这种模式便是职务与职级并行的人事制度。这种制度的基本要求是职数限额与择优晋升，前者是指在职数限额内进行人员配备；后者是指以工作能力为公务员晋升导向，而非工作年限、任职资历等。同时公务员晋升职级不改变工作职位和领导指挥关系，不享受相应职务层次的政治待遇、工作待遇。

（三）大学生在公务员队伍的职业发展

大学生进入公务员队伍之后，工作方向主要有三种：一是综合管理类工作；二是专业技术类工作；三是行政执法类相关工作。

1. 加强自我认知

只有充分了解自己才能在工作中找到自己合适的职位，不至于出现定位不清的情况。大学生公务员首先应当对自己拥有的职业技能进行分析，找到自己的优势与不足，并且针对自己的不足，在通过组织提供的相关职业培训中进行弥补与提高。除了提高自己的知识储备与技能水平，以及积累工作经验，大学生公务员还应该对自己的工作动机与人格特质进行深层次的分析

2. 全面认知公务员大环境

公务员的认知环境主要包括宏观和微观两方面。宏观环境是指政治状况、经济发展水平、当前社会的形势等一系列带有鲜明的时代特点的背景。大学生公务员的职业规划要充分结合时代发展状况、政治经济发展形势，以这些宏观的背景作为自己职业规划的必要参考，从而更好地建设国家、服务社会、服务人民。微观环境是指组织的工作目标、发展空间、组织的结构等。大学生公务员进行职业生涯规划的时候，除了充分考虑宏观背景，也要深入到组织结构内部，进行微观层面的考察。

3. 确定好职业目标

大学生公务员要在对自身、外部环境进行充分分析的基础之上，确定自己切实可行的职业发展目标。进入公务员队伍中，只有充分发挥自己的职业技能，坚定自己的职业发展目标，并且逐步实现一个个阶段性的目标，才能

更好地实现个人的突破，从而作出更大的贡献。

4. 对职业规划的实施与修正

大学生公务员的职业生涯规划的实施过程，要兼顾自我的职业发展与政府的人事管理。只有将两者充分结合在一起，才能更好、更有意义的实现大学生公务员的阶段性目标。只提升自己的管理水平与决策才能对于管理岗位的工作是不够的，与此同时还要充分提升自己与人沟通的技巧与能力，推动管理工作的开展。行政执法工作的开展，不仅要详细的学习和掌握与工作密切相关的法律与规则，而且要将所掌握的知识应用于实践，在实践的过程中还要不断积累经验，从而调整自己的职业生涯规划。职业生涯规划的实施过程是至关重要的，同时对职业生涯规划的修正与调整，也是大学生进入公务员队伍适应环境的表现。要不断调整、完善自己才能最终实现自己的职业发展目标。

三、事业单位就业与职业发展新路径

（一）事业单位就业现状及问题

事业单位目前的人才招聘方式主要有两种：一是考试，二是考核。前者主要面向大专及以上学历人员，后者主要面向有研究生学历的人员，少部分欠发达地区也会对本科生进行考核。在具体实行上主要是当地政府部门在其网站发布公告，考生自行报名。鉴于目前就业压力增大和就业形势的严峻，再加上事业单位人才缺口大（通常每季度都会面向社会招聘），备考周期短，考试内容多为记忆型和技巧型知识，考生可在短时间内提高成绩，相对于公务员，事业单位"晋升"机会更多。事业单位虽然是大学生求职意向的"香饽饽"，但是事业单位发展的现状需要更全面的了解。

（1）信息整合度和信息利用率较低。针对事业单位考试，市场上已有大量的信息平台，各种就业信息平台发布的信息数量非常多，但是信息分布整体比较松散，整合度比较低。例如，同一岗位的招聘信息在多个不同的招聘网站上的内容有差异，这就降低了信息利用率，也增加了获取信息的时间成本。

（2）考试制度不够完善，缺乏统一的标准。事业单位在公开招聘人员时，缺乏统一标准。这造成各事业单位招聘要求多样，考试内容"五花八门"，录取依据各不相同。唯一的全国性标准事业单位招聘办法仅有原国家人事部颁布的《事业单位公开招聘人员暂行规定》，缺乏由全国人大审核通过的具有法律性质的标准。

（二）事业单位招聘与管理新策略

科学设置招聘条件，招聘信息通过官方渠道统一发布。设置招聘条件的时候，要根据具体的岗位和具体的需求科学设置，避免门槛设置过高或过低。要结合具体的招聘岗位，根据专业的技术要求，设置不同的招聘标准。在招聘的过程中，要科学合理地制定招聘方案，及时审查招聘条件，合理开展事业单位的招聘工作，同时在该事业单位与人力资源保障部门统一发布招聘信息。

（1）科学制定考试内容。在设计考试内容的过程中，要根据招聘岗位的要求、所需人员应具备的能力和水准，合理设计考试内容。在命题时尽可能从岗位实际需求出发，不断地考查应聘者的综合能力，设置全面化的命题内容。针对不同岗位、不同层次和不同素质的应聘人员建立不同的考试类别。设置不同类型的笔试和面试分值，降低考试成本，提高招聘效率。

（2）提高非在编人员的待遇。事业单位使用未纳入正式职工管理的人员时，应当制定符合同工同酬分配原则和单位实际的劳动报酬分配办法。

（3）营造良好学习氛围，建立公平激励机制。定期开展思想道德培训，营造共同学习进步的良好氛围，逐步提高工作人员的素质和能力。建立公平合理的奖励机制，合理运用物质与精神奖励，调动工作人员的积极性，增强他们的事业心、责任感。

（三）大学生在事业单位的职业发展

学校、医院及其他事业单位对大学毕业生具有很大的吸引力。当前形势下，大学毕业生进入事业单位的趋势越来越明显。虽然进入事业单位是一种看似稳定的职业选择，但职业历程有很多变数，公职人员受国家政策的影响会很大。面对国内环境变化给公职人员带来的高要求，无论是事业编人员还是其就职部门，都要根据新的需求调整职业生涯规划，从而使新进事业单位的大学毕业生对自身的条件和能力有清醒的认识，充分把握环境变化所带来的各种机遇和挑战，确定合理的职业奋斗目标，并为实现这一目标做出行之有效的安排。

事业单位岗位一般分为管理岗位、专业技术岗位和工勤技能岗位三种类型。大学毕业生应根据自身条件和兴趣考取适合自己的岗位。管理岗位在任职条件上，除了要求具备应有的道德品质与专业技能，还对学历与工作经验有明确的规定，各地具体情况有所不同。管理岗位的晋升在很大程度上取决于就职人员的工作能力、贡献价值、创造价值、单位认可度等，学历与工作经验只是基本要求。专业技术岗位的基本任职条件，按照现行专业技术职务评聘的有关规定执行。根据中央关于事业单位专业技术人员职称评审与岗位聘任相结合的要求，一般事业单位管理部门实行评聘合一的管理制度。而工勤技能岗已经实现社会化服务的一般性劳务工作，不再设置相应的工勤技能岗位。例如，日常卫生工作可由聘用制工作人员完成，而不占用编制，不设置专门岗位。因此大学生职业选择重心应偏向前两者。

大学生要想在事业单位内晋升，除了提高道德素质，还必须注重自身业务素质的培养。事业单位人员的业务素质包括专业知识、相关知识和智力素质，这些素质具体表现为：敏锐的政治鉴别力、整合各种工作信息的能力、分析市场经济的能力、应用电子商务技术的能力、创新精神及创新思维。这些素质在处理日常业务时是必不可少的，也是提高工作效率的保证，有助于实现我国行政体制改革"建立行为规范、运转协调、公正透明、廉洁高效的行政管理体制"的长远目标。

传统职业发展路径的创新实际上是一种积极的就业探索实践。改革开放以来，我国经济发展取得了举世瞩目的成就，我国普通家庭的收入进入了快速积累的阶段，人均资产不断上升。在这样的大环境下，大学生就业不再仅仅是为了物质收入，而是同时追求精神上的满足。这标志着新一代的青年更加关注自身的感受和发展，为实现自我的价值而不懈奋斗。

四、社区就业与职业发展新路径

（一）社区就业的概念

在社会学的相关概念中，"社区"是一个越来越普及的基本概念。德国的社会学家斐迪南·腾尼斯在其 1887 年出版的《共同体与社会》一书中最先使用了"社区"一词。腾尼斯认为，社区是由同质人口组成的，他们关系亲密、守望相助，社区是疾病相扶、富有人情味的社会团体。随后美国的查尔斯·罗密斯对社区的概念进行了发展，将"Gemeins Chaft"译成了英文"Community"，对其具有的地域性含义作了进一步的强调。1933 年费孝通在翻译美国著名社会学家罗伯特·帕克的社会学论文时，第一次将"Community"这个英文单词译成了"社区"，后来就成了中国社会学的通用术语。现在社区的基本含义是，在一定的区域内有特定生活方式并且具有成员归属感的人群所组成的相对独立的社会共同体。

社区就业就是在"社区"这个区域的基础上，实施与开展社会化的服务活动，增加在社区就业的岗位，从本质上来说社区就业就是实现了社区服务与增加就业的充分结合。居民的生活与社区的就业紧密联系在一起，随着社区内的居民物质与文化需求的日益增加，社区服务的存在就有了必然意义，社区就业岗位的增多是顺理成章的。社区就业与政府就业、单位就业有明显的区别。社区就业的岗位按照服务对象与服务内容的差异，可以分为三类：第一，便民利民服务类。这种服务的类型为居民提供衣、食、住、行、健身、娱乐等服务，主要以为居民提供生活上的便利为主要目的。第二，公益性服务类。这类服务的性质是非营利性服务，大众是这种服务类型的主要群体，与少数高消费服务类型有本质的区别。第三，后勤保障服务类。这种服务的对象包括居民以及各种性质的单位。政府机关、企事业单位的后勤保障逐渐社会化，其对后勤保障类的服务的需求也越来越大，社区的保障类的服务规模与服务对象的范围也随之扩大。

（二）社区就业的特点

1. 综合性

社区就业活动作为一种社会活动，具有综合性的特点，该特点主要表现在社区就业活动有着十分广泛的牵涉面。在服务对象的角度上来说，社区就业活动包括社区的个人、家庭及用工单位。在服务内容上来看，包含人们生活与发展内的衣、食、住、行等许多领域。从接受管理的角度上来说涉及多个部门，如卫生、公安、工商、税务等。因此看上去简单的社区就业，有着十分复杂的内部结构。

2. 辅助性

社区服务的就业岗位与大型的企事业单位相比，具有辅助性的特点，这个特点主要表现在，辅助协调企事业单位的生产管理活动、辅助居民的生活。对于城镇居民而言，社区所提供的一些服务，自己或者自己的家庭也可以胜任，即便缺失一些这类服务，会对自己的生活质量产生影响，但是这种影响不是绝对的，因此社区提供的工作是一种辅助性而非必需性的。对于企业而言，社区所提供的服务工作具有较大的随意性与临时性，这类工作无法稳定的满足企业发展与运行的需要。因此对于企业而言，这类工作也是一种辅助手段。

3. 福利性与营利性并存

社区服务既包含政府导向的民政优抚、社会福利、社会救助和社会保险部门的延伸服务，如老有所养、幼有所托、残有所助、贫有所济、困有所帮等方面的服务。这些服务的特点是具有福利性。许多商场中的便民利民设施的运作模式是商业化的，因此这些服务具有营利属性。值得注意的是这些服务的盈利水平并不稳定，往往需要政府为其提供政策上的支持，才能够顺利运转。总的来说，社区就业活动兼具了福利性与营利性两重属性。

4. 灵活性

社区就业在薪资水平、工作时间等方面具有灵活性。社区就业的劳动需要依据市场的发展情况进行比较灵活的调整，此外这种劳动还可以按照非全日制的就业时间模式来开展，也可以采取临时性、季节性的方式。社区就业的形式相对于一般的就业具有非正规的特点，政府对于这种形式的就业干预也较少，社区就业的工资与成本的控制就相对较为灵活。

5. 不稳定性

社区就业的不稳定性体现在雇佣关系上。社区劳动组织的服务对象通常是小型企业、家庭或者是政府的一些经济部门，通常来说这些组织的关系稳定性不足，但是从另一方面来说，社区就业的劳动力市场具有比较大的弹性，社区就业也因此得到快速发展。

（三）大学生在社区就业的职业发展路径

国家治理与社会治理体系的建设要想稳步推进，就必须以社区治理为基层的着力点。社区工作者的工作一方面对接政府相关部门，另一方面对接社区的居民，社区工作像穿针引线一样起着承上启下的作用。社区的工作可以将政府的政策措施及相关理念传达给社区居民，在这个过程当中，社区的工作或者说社区的工作者扮演着传达者和倾听者的角色，同时社区的工作对于社区的建设也起着策划、践行的作用。社区的工作者对于城市的建设与治理有重要的作用和意义：第一，社区工作者积极传达政府的方针政策，有利于将政府的相关政策精神传达给居民，使这些政策能够有效地实施，惠及广大社区居民；第二，社区工作者在缓和及调节社区居民之间的矛盾方面有重要的作用；第三，社区工作者可以充分调动社区居民参与到社区基础设施的建设工作中，激发社区居民的参与感和主人翁意识，从而进一步推动社区体系完善的同时还能营造出和谐有序的社区氛围；第四，可以完善社区服务体系，弥补社区服务体系的缺失与不足，从而促进居民公共服务的发展。

国家会出台各种政策措施激励大学生从事社区工作，而这种激励机制也在不断完善，以下以吉林省延吉市为例进行说明：

优秀的党支部书记和居委会主任可以享受国家政策补贴。延吉市出台了《关于对优秀社区支部书记、主任发放特殊补贴的暂行办法》，该文件的出台使优秀的社区支部书记、主任享受的相关待遇与机关干部保持了同等的程度。与此同时，对于社区支部书记与主任的工作参考其年限、业绩与群众的评价给予特殊补贴（达到 12 分，每人每月补贴 2 000 元）。

党组织委员领取补贴。社会基层组织建设在社区建设工作中居于核心地位，社区基层党组织建设有助于推动社区全面发展。社区党组织具有堡垒作用，是社区发展、基层组织运行坚实的基石。延吉市为充分发挥社区组织的作用，出台了关于社区党组织委员与社区居委会委员享受同等待遇的政策，由市本级财政按居委会委员每月享受省里补贴 150 元的标准发放。

为解决原社区党支部书记、居委会主任离职后待遇偏低问题，为任职 20 年以上的社区党支部书记、居委会主任发放定量生活补助，补助标准底线为每月 280 元，工作每增加一年，每月增加 10 元补助。同时，每年底对优秀社区党支部书记、居委会主任评定一次，达到退休年龄的，按在岗时补贴标准的一定比例发放离岗补助，彻底解除社区工作者的后顾之忧。

五、中小微企业就业与职业发展新路径

"有业不就，无业可就，供需错位"等就业结构性矛盾，成为高校毕业生就业困难的主要原因。1999 年高校扩招后，国家为解决大学生就业问题，着手引导高校毕业生深入基层和中小企业解决就业问题。2005 年《关于引导和鼓励高校毕业生面向基层就业的意见》指出，大力支持各类中小企业和非公有制单位聘用高校毕业生。以后国家几乎每年都发布政策支持毕业生到基层

就业，到中小微企业就业。

（一）中小微企业特点

目前，业界一般采用定性划分和定量划分两种方法定义"中小微企业"。定性划分的标准一般是企业质量和地位，基于企业的经营特征、规模、员工规模等因素进行判断；定量划分的依据则是规模定量，主要依据企业的经济指标、规模、财务数据等来确定企业的大小。具体的定量划分标准可能会因国家或地区而异，常见的定量标准包括员工人数、资产规模。中小微企业一般指同一行业市场体系中（相对大规模企业来说）规模较小，劳动力集中程度较低的经济单位。

按照定性划分方法，根据不同国家或地区的相关政策和实践，一般将中小微企业划分为小微企业（通常指员工规模较小、资产规模较小、营收相对较低的企业，常常是个体工商户、小商店或小型服务企业）、中小企业（一般指拥有一定规模的企业，包括较多雇员、相对较高的资产规模和营收）。

在我国，"中小企业"的概念几次变化。《中小企业标准暂行规定》先明确了"大企业"的基本概念，之后对不符合此概念的企业统称"中小企业"。之后，工业和信息化部等四部门联合制定的《中小企业划型标准规定》，将中小企业划分为中型、小型、微型三种类型，具体标准根据企业从业人员、营业收入、资产总额等指标，结合行业特点制定。该规定对中小企业进行了细化，增加了微型企业。中小微企业的组织形式包括个人独资企业、合伙企业、公司。

（二）中小微企业就业困境

中小微企业处于不同的发展阶段，其管理水平差距较大。多数小微企业尽管建立了企业管理系统，但是毕竟覆盖面小，缺乏标准化系统，成本管理和财务管理的随机性很大，仍存在企业领导拍板，标准化的系统流于形式，甚至无章可循等现象，这些小微企业基本上还处于从经验管理向科学管理的过渡阶段。因此，毕业生进入企业后会以所学到的一些大企业的先进科学管理理念来与之作比较，长此以往他们会对中小微企业的管理水平产生怀疑而丧失信任感，从而影响自身的工作效率和归属感。

相对于大型企业，中小企业通常具有较小的组织规模及有限的资金和人力资源，这可能限制企业在激励约束机制和薪酬体系上的投入和创新，导致约束机制不完善、收入结构单一。中小企业通常面临来自大型企业和跨国公司等竞争对手的挤压，由于资源有限，难以给员工提供具有竞争力的薪酬和福利待遇。在某些经济发展较为滞后的地区或行业，中小企业因市场规模有限、竞争激烈及资源匮乏等原因，收入水平偏低。激励约束机制的缺陷会使中小企业可能难以为员工提供具有吸引力的薪酬和福利体系，导致高素质人才的流失；收入水平偏低使中小企业在人才市场上面临竞争劣势，难以吸引到具备优秀技能和经验的员工，影响企业的业务能力和创新能力；如果收入结构中长期性收入所占比例较小，企业在经济波动时会更加脆弱，过度依赖短期性收入来源可能导致企业在经济不景气时面临困境。

中小微企业往往缺乏扎实的企业产品知名度和深厚的品牌文化底蕴，但这也是完全可以理解的，因为这类企业大多处在起步时期，各方面经营都尚待摸索，而品牌文化底蕴不是一朝一夕的过程。中小微企业往往没有强大的市场营销团队或专业的品牌管理人员，缺乏专业知识和经验，可能导致对品牌文化塑造和营销策略的理解和实施不够到位，影响品牌的深入传播和产品的知名度。相对于大型企业拥有更多的资源进行广告投放、市场推广和品牌宣传，中小微企业的宣传力度往往不像大型企业那样充分，品牌形象和产品知名度无法得到有效传播。此外，一些处在初期阶段的中小微企业产品知名度、固定目标客户群尚未建立，无论是企业品牌还是企业产品，都没有达到深入人心的程度。

（三）大学生在中小微企业的职业发展

中小微企业可采纳的有生力量主要集中在毕业生群体中。从毕业生角度来说，应遵循踏实朴素的就业观念，摆脱一味求定、求利、跳槽的思维，认可中小微企业对国民经济的贡献，在中小微企业中安心充实自己、积累经验，成为企业的中坚力量。从企业角度来说，中小微企业应向毕业生积极展示各类岗位的就业机会，传递企业的发展潜力、创业氛围和个人成长空间；主动提供培训机会、晋升通道、项目挑战等，营造积极向上、富有创新和创业精神的工作氛围，鼓励员工主动提出创新想法、参与决策和项目实施等方式，激发毕业生的创造力和主动性。

其实，中小微企业和大型企业相比，在吸纳员工上并非全无优势。中小微企业的层级结构相对简单，对员工（尤其是年轻员工）的约束相对较少，这不仅能鼓励员工创新能力和个性的发展，而且有很大的升迁空间。此外，新员工在规模较小的企业中有更多和老板接触的机会，这是双方共同学习发展的有利条件。

六、新农村就业与职业发展新路径

（一）大学生新农村就业发展面临的困境

大学生在新农村就业发展时，可能面临缺乏相关农业知识和技能的困境。据有关调查，部分大学生虽然投身农村建设，但早已习惯了城市生活，对农村和农村生活都缺乏了解；即使是在农村长大的大学生，也大多从小以读书为主，不关注农村民生。还有一些大学生，既不了解也不愿意主动熟悉农村的风土人情、生活习俗等，很难走入基层。这些都是大学生适应农村工作的困境。大学生可能需要相当长的时间适应并学习新的工作内容和技能要求，提高自身竞争力。虽然新农村建设正在我国农村全面推进，但农村就业市场相对城市，依然有所不足，就业机会相对有限，加之农村地区的人口相对较少，经济发展水平相对较低，创业和就业机会相对稀缺。

农村地区与城市相比，基础设施、教育医疗等公共服务设施相对不足，生活条件可能相对艰苦。同时，农村地区的自然环境、社会环境等与城市也存在差异，适应起来可能需要一定的时间和精力。从小生活条件优渥的大学生往往很难适应农村的落后环境，并怀有畏难情绪，更有甚者轻视农村环境与农民群体。这些都是新农村建设中不小的阻碍。

新农村就业领域以农业、农村电商、农村旅游等为主，这些行业的薪资待遇普遍较低。相比之下，城市就业往往薪资水平更高，这使一部分大学生对选择新农村就业持观望态度。他们可能更倾向于在城市就业，认为农村就业发展潜力相对较小，难以实现个人理想和抱负。

农村地区的文化、价值观和城市地区往往存在较大差异，大学生在农村工作中经常面临与当地居民的沟通障碍，包括方言交流、思维方式、习俗传统等方面的差异，彼此之间的理解和融入相当困难。农村地区的生活方式通常与城市有所不同，大学生由于长期生活在城市环境中，对于农村的生活方式可能不太适应。一部分大学生对农村建设的价值和意义也缺乏认同感，更倾向于从事城市环境下的职业或项目，认为农村建设相对较为困难和辛苦，进而对参与农村建设的融入感不强。

农村地区相对城市地区的基础设施条件较为落后，如交通、通信等。这可能给大学生的工作和生活带来一定的不便，也会影响他们融入农村环境。

农村地区的社会关系网络相对较为紧密，大学生初次进入农村建设可能面临与当地居民之间的社交障碍。他们需要适应当地的社会互动方式和建立良好的人际关系，这可能需要一定的时间和努力。

（二）国家鼓励大学生到基层就业的政策支持

1. 特岗教师计划

特岗教师是中央实施的一项针对西部地区农村义务教育的特殊政策，通过公开招聘高校毕业生到西部地区"两基"（基本普及九年义务教育、基本扫除青壮年文盲）攻坚县以下农村学校任教，引导和鼓励高校毕业生从事农村义务教育工作，创新农村学校教师的补充机制，逐步解决农村学校师资总量不足和结构不合理等问题，提高农村教师队伍的整体素质，促进城乡教育均衡发展。

2. 大学生村官

2008 年，中组部、教育部、财政部、人力资源和社会保障部出台了《关于选聘高校毕业生到村任职工作的意见（试行）》（组通字〔2008〕18 号），计划用五年时间选聘 10 万名高校毕业生到农村担任村党支部书记助理、村委会主任助理或团支部书记、副书记等职务。从 2010 年开始，扩大选聘规模，逐步实现"一村一名大学生村官"计划的目标，选聘的高校毕业生在村工作期限一般为 2～3 年。

3. 三支一扶

"三支一扶"是支教、支医、支农、扶贫的简称。2016 年，中组部、人力资源和社会保障部等九部门印发《关于实施第三轮高校毕业生"三支一扶"计划的通知》，从 2016—2020 年实施第三轮高校毕业生"三支一扶"计划。2021 年，第四轮（2021—2025 年）高校毕业生"三支一扶"（支教、支农、支医和帮扶乡村振兴）计划开始实施。

4. 选调生

选调生是各省市党委组织部门有计划地从高等院校选调品学兼优的应届大学本科生及以上学历毕业生到基层工作，作为党政领导干部后备人选和县级以上党政机关高素质工作人员人选进行重点培养的群体。

（三）大学生在新农村就业的职业发展路径

国家应鼓励特岗教师期满后继续从事农村教育工作，对愿意留在当地学校的，要负责落实工作岗位，工资发放纳入当地财政统发范围；重新择业的，各地要为其重新选择工作岗位提供方便条件和必要帮助，可推荐免试攻读教育硕士。

大学生村官在村任职 2 年以上，具备"选调生"条件和资格的，经组织推荐，可参加选调生统一招考。在村任职 2 年后报考党政机关公务员的，享受放宽报名条件、增加分数等优惠政策，同等条件下优先录用。县乡机关公务员应重点从选聘到村任职的高校毕业生中招录。聘期工作表现良好、考核合格的，报考研究生享受加分、同等条件下优先录取等优惠政策。被党政机关或企事业单位正式录用（聘用）后，在村任职工作时间可计算工龄、社会保险缴费年限。

每年志愿者服务期满前，西部计划全国项目办以发文形式通知各服务地做好就业服务工作，并推动服务期满志愿者在公务员招考、事业单位招聘、工龄计算、自主创业、户口档案转移等方面的政策落实。服务县项目办通过各种渠道和平台为志愿者提供就业信息；积极协调职业技术培训机构做好志愿者职业技能培训工作、职业生涯规划指导，各高校项目办将未就业的服务期满志愿者纳入当年毕业生就业工作统筹安排。

第四章　当代大学生创业概述

本章为当代大学生创业概述，从三个方面作了简单的介绍，分别是大学生创新精神培育、当代大学生创业的环境、创业精神与创业者的素质要求。

第一节　大学生创新精神培育

一、关于创新

创新（Innovatin）一词起源于拉丁语，它原有三层含义：一是更新；二是创造新东西；三是改变。

（一）创新的含义

创新是指人们根据一定目的，针对所研究的对象，运用新的知识与方法或引入新事物，产生某种新颖的、有社会或个人价值成果的活动。这里的"成果"，是指以某种形式存在的创新成果。它既可以是一种新概念、新设想、新理论，又可以是一项新技术、新工艺、新产品，还可以是一个新制度、新市场、新组织。

这一定义是根据成果来判别创新性的，判别标准有两个：一是成果是否新颖，二是是否有社会或个人价值。"新颖"主要是指对现有的东西进行变革，使其更新，成为新的东西，即除旧布新，不墨守成规。"有社会价值"，是指对人类、国家和社会的进步具有重要意义，如重大的知识创新、技术创新和产品创新等。"有个人价值"则强调了对个体发展的意义。

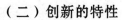

（二）创新的特性

创新具有目的性、新颖性、价值性、先进性、变革性、发展性、再创造和层次性等特性。

1. 目的性

创新是有目的的，其目的就是不断地满足人类自身生存发展的需要。具体来讲，创新总是围绕着解决一定的问题而进行的，它总是与完成某个任务相联系的。所以，创新是一种有目的地认识世界和改造世界的实践活动。

2. 新颖性

就创新的特性来看，创新是把新的或重新组合和再次发现的知识引入研究对象系统的过程，是引入新概念、新东西和革新的过程。因而其成果必然是新颖的，与过去相比具有新的因素或成分。唯其"新"，才能具有优势，才能战胜旧事物。原有事物的内容和形式正是由于增加了新的因素而得以更新、发展和突破。"求新"是其灵魂，没有"求新"的变革，称不上创新。

3. 价值性

从创新成果的效果来看，创新具有明显、具体的价值，也就是具有一定的社会和经济效益。创新是各种社会事物进步与发展的共同因素，它能够满足人们的某种需要，促使企业获得成功，国家经济活力得到增强，社会取得进步。若没有价值，创新也就失去了意义。创新成果的价值可以分为社会价值、经济价值和学术价值。

4. 先进性

先进性是指与旧事物相比具有相对优势。创新在多大程度上优于已有的和现存的事物，是人们是否愿意采纳创新成果的关键。如创新产品的先进性主要体现在结构更合理、功能更齐全、效率进一步提高等；创新的管理方法的相对优势表现在提高了经济利润、降低了成本、调动了人的积极性、提高了管理效率等。如果不具有先进性，新事物就不可能替代旧事物，创新就失去了意义。另外，创新的先进性还体现在代表了事物的发展规律和趋势。

5. 变革性

就创新的实质来看，创新都是变革旧事物，使其更新，成为新的东西。当遇到难以解决的问题时，就应该采用"变"的方式，如改变思考角度、方式、方法、结构、功能等；"变"了，问题就解决了，即"通"了。这个由"变"到"通"的过程，就是创新的过程。故步自封、安于现状、不想变革，就没有创新。

6. 发展性

创新是一个不断发展的过程，创新发展是创造新知识、应用新知识的过程。知识是创新之源，通过知识创新推动科技创新、文化创新、管理创新及其他各方面的创新。创新使知识生生不息，没有知识的不断更新，创新就会干涸。对知识的创造、应用、再创造、再应用，这种形式循环往复，以至无穷，而每一循环创造和应用的内容，都会进入高一级的程度。这是人类创新永无止境、无限发展的客观规律。

7. 再创造

再创造就是对原有事物、现有知识和已有创新成果的再次发现和重新组合，既包括使知识达到新的深度和广度，又包括修正错误和更新知识；既包括从研究新情况、新问题中获得新知识和新成果，又包括从研究老情况、老问题中获得新知识和新成果。

8. 层次性

根据人们解决问题的新颖性和独特程度，可以将创新划分为三个层次。第一层次为高级创新，是指经过长期的研究和探索所产生的科学发现。它是一项从无到有、填补空白的创新活动，有可能为国家、社会和人类作出巨大贡献，甚至形成某一领域划时代的局面，如爱因斯坦的"相对论"。第二层次为中级创新，主要是指经过改革或发明，在原有知识和经验的基础上重组材料，研制出有一定社会价值的产品，这一层次创新已成为社会文化、科学和生产力发展的巨大力量。第三层次为初级创新，主要是指在别人率先创新的基础上，通过引进技术和购买专利等方式，消化、吸收而进行的一种创新，是以跟踪当前国际先进水平并加以模仿为主的创新思路。以跟踪和模仿为主的创新也是工业后进国家缩短同发达国家之间的差距的一条捷径，是实现跨越式发展和后发优势，是尽快步入自主创新的必由之路。

（三）创新的类型

创新虽有大小、层次之分，但无领域、范围之限。根据创新的性质可将其划分为三种类型：原始创新、跟随创新和集成创新。

1. 原始创新

原始创新是指重大科学发现、技术发明、原理性主导技术等原始性创新活动。原始性创新成果通常具备以下三大特征。

（1）首创性，研究开发成果前所未有。只有具备首创性的原始创新才有可能发展成为核心竞争优势。首创性的最高层次是文化和标准的首创性：文化的首创性最终沉淀为经典，科技的首创性最终转化为标准和法规。

（2）突破性，在原理、技术、方法等某个或多个方面实现重大变革。创新既是在前人成果基础上的思维，又是打破前人成果的思维。对于经过多年实践考验的前人成果，必须学习和继承；而对于未成定论的、有争议的、新兴的、边缘的学科或产业领域，应积极开展原始创新。

（3）带动性，原始创新在对科技自身发展产生重大牵引作用的同时，也给经济结构和产业形态带来重大变革。例如，晶体管、集成电路的发明，以及半导体和存储器、互联网和移动通信等原始创新成果的出现，对解放生产力起到了革命性的推动作用，对于提高人们的生产、生活质量提供了必要的物质基础。

2. 跟随创新

跟随创新是指在已有成熟技术的基础之上，沿着已经明确的技术道路进行技术创新，如在原有技术之上使技术更加完善，开发出新的功能等。当年微软公司正是采取在学习网景浏览器的基础上进行创新的方式打败了网景，这种创新方式被形容为"等竞争对手出现，马上复制，然后赶超"。从理论上讲，技术的所有独特用途都是可以复制的。随着技术复制周期越来越短，对新技术的早期投资能真正得到回报的可能性越来越低，因而巨大的研发投资，也就是所谓的领先创新，并不一定会为自己带来优势。"只有当风险比较低时，创新才可以获得回报"，这种看法已获得多数人的认同。

3. 集成创新

集成创新是利用各种信息技术、管理技术与工具等，对各个创新要素和创新内容进行选择、集成和优化，形成优势互补的有机整体的动态创新过程。

（四）大学生是创新的中坚力量

在创新的世界里，探索的兴趣、创造的勇气、开拓的力量，几乎是青年智慧的特色，是青春时期的"专利"。纵观世界科学发展，可以列出长串创新型杰出人物的名字。许多创新型人才的重要创新发明，都产生于风华正茂、思维敏捷的青年时期。青年创新行为一向令人叹为观止，影响着世界、改变着世界：300 年前，青年瓦特以蒸汽机掀起了工业革命浪潮，世界从此开始了现代化进程；青年哥白尼以"日心说"影响人类宇宙观，从此自然科学便开始从神学中解放出来；青年哥伦布的历史性航程发现"新大陆"，使世界格局发生了重大变革。全球化、信息化和知识经济的到来，为人类的创新思维和创新事业提供了极为难得的机遇和无限广阔的空间。21 世纪是创新的世纪，大学生创新正当时。

二、创新精神的培育

（一）创新精神的含义

创新精神是指积极主动地追求创新和变革的态度和品质，它涉及对现状的认知和思考，强调对新知识、新思想和新技术的不断探索和求知，要求个体能够发挥创造力和想象力，并承担风险和接受不确定性的勇气及决心。创新精神并不仅停留在思想和概念层面，更重要的是能够将创新的想法付诸实践，并能够迅速执行和适应变化。创新精神的主体可以是任何一个个体，与身份特征无关，每个人都可能怀有锐意进取的创新精神。

大学生作为未来社会建设的中坚力量，一直以来备受关注，无论是在心理特征还是社会动向上都有明显不同于其他群体的特点。大学生受教育程度较高，思维发展程度也较高，心理发展处在向成年人过渡的阶段，已对个人价值、社会环境等产生了较为独立的看法。尚未走入社会的大学生往往对未来满怀希望，希望实现个人价值、承担社会责任、博取他人认可。因此，大学生创新精神的概念也应参考大学生群体的特点，对他们的培养和发展要考虑大学生自我认识和人生价值的特征。

大学生的意识观念尚未形成定式，很容易受到外界影响而产生独特的想法创意，这些创意很可能是创新意识的来源。创新意识是指对问题和机遇的敏锐感知和认识。大学生应该培养一种敢于质疑、勇于发现问题的意识。他们应该不断关注社会和科技发展的动态，了解各个领域的前沿知识和趋势，并学会主动思考和提出问题。

大学生思维更加全面灵活，在形成创新思维上具有明显的优势。创新思维是指以开放、多元和富有想象力的方式来思考和解决问题。大学生应该培养批判性思维，学会从多个角度思考问题，挖掘问题背后的本质，寻找创新的可能性。同时，他们应该注重跨学科的学习和思维方式，将不同领域的知识融合运用，从而产生新的创意和解决方案。

大学生的人格、价值观、生命态度都尚在成形，因此大学阶段是培养创新品格的理想时期。创新品格包括勇于尝试、坚持不懈和适应变化等品质。大学生应该培养勇于冒险和接受失败的精神，敢于尝试新的想法和方法，不断积累经验并从失败中吸取教训。同时，他们还应该具备适应变化和灵活应对的能力，因为创新往往要求在快速变化的环境中做出调整和改变。

在培养创新精神时，大学生应该将创新意识、创新思维和创新品格相互结合，形成良好的互动和互补关系。培养创新意识可以帮助大学生建立对问题和机遇的敏感感知，而创新思维则提供了解决问题的方法。同时，创新品格则是支撑创新实践和持续努力的基础，使大学生在面对挑战和困难时能够坚持下去。

通过有计划地开展创新教育和实践活动，大学生可以逐步培养出既有创新意识、创新思维又具备创新品格的创新人才，为社会的发展和进步作出积极贡献。

（二）创新精神的价值

创新精神的价值集中体现在以下五个方面。

（1）创新精神是决定一个国家、民族创新能力最直接的精神力量。科学的本质就是创新，科学技术的每一次进步都是通过创新实现的。科学技术的迅猛发展对人类社会各个方面都产生了深刻而广泛的影响。创新更新了人们的生产工具和生产技术，提高了劳动者的素质，推动了社会生产力的发展。

（2）创新精神会对社会产生影响，促使社会朝着更加开放、包容、繁荣和可持续的方向发展。首先，创新精神对经济发展具有重要作用，它鼓励人们不断寻求新的商业模式、产品和服务，推动企业创新和技术进步，创新带来的经济增长、就业机会和财富创造，可以促使社会实现经济繁荣和社会福利的提升。其次，创新精神是科技进步的源动力。它激发人们思考、发现和应用新的科学知识，推动科技领域的突破和创新，科技的不断进步改变了社会的生产方式、生活方式、通信方式等方方面面，为社会带来更多的便利和可能性。创新精神也在很大程度上影响社会的文化。它鼓励人们挑战传统的观念和做法，推动社会的思维方式和价值观念的转变，创新带来的多样性、包容性和开放性，有助于构建一个更加多元化和充满活力的社会文化环境。创新精神也对社会治理产生积极影响，它鼓励人们提供创新的社会服务模式、公共政策和治理机制。通过采用新技术、开展创新实践和倡导参与式治理，可以提高社会的治理效能、公平性和民主性。

（3）创新精神是提升人的本质力量的关键，推动着人才素质结构的优化。创新精神使人们超越传统的思维模式和观念，勇于挑战和打破现有的局限，激发个体的创造力和想象力，使其在思考和解决问题时能够拥有更多的选择和可能性。创新精神鼓励个体勇于尝试新的想法和方法，从而激发了创造力和创造力。通过尝试和实践，个体可以探索新的领域，提出新的观点和创造性的解决方案。这种创造力和创造力的发展提升了个体的素质和能力水平。

（4）创新精神注重寻找问题的本质、理解问题的背后原因，并提供创新的解决方案。通过培养创新精神，个体可以提高解决问题的能力，包括分析问题、提出假设、收集信息、测试和评估解决方案等。这种解决问题的能力是一个人素质结构的重要组成部分。

（5）创新精神要求个体能够适应不断变化的环境和需求，具备灵活性和应变能力。这种适应变化的能力培养了个体的自主学习和自我提升能力，使其能够在快速变化的社会中保持竞争力。创新精神鼓励个体不断学习和更新知识，追求新的发展和进步。这种学习能力的提升使个体不断充实自己的知识储备，并能够将新的知识应用到实践中，进一步提高自身的素质水平。

（三）创新精神培养的特殊性

在培养大学生创新精神的过程中应做到特殊情况特殊对待。

培养大学生创新精神要注重大学生个体思想意识的发展。教育工作者应当了解大学生的个体兴趣和特长，并将创新教育与其兴趣相结合，提供与其兴趣相关的学习和实践机会，激发他们参与创新活动的主动性和积极性；鼓励大学生进行自主学习和思考，提供合适的学术资源和研究平台，引导他们进行探索性学习，通过问题导向的学习和研究项目，培养他们的批判性思维和创新思维，促进思想意识的发展；为大学生提供多元化的学习经验，包括跨学科的学习、实践项目和社会实践等。帮助他们开阔思维，培养综合思考和问题解决能力，激发创新精神的发展。

创新往往需要团队合作和交流。所以应当鼓励大学生参与团队项目和合作研究，锻炼他们的沟通能力、团队合作能力和领导能力，通过与他人的合作，促进个体思想意识的发展，培养开放性思维和理解他人观点的能力；为大学生提供优秀创新榜样的故事和经验，并为他们指定导师，帮助他们解决问题和克服困难，导师的指导可以从认知、心理和行为层面对个体思想意识进行引导和激励。

大学可以营造积极的创新环境和文化，包括设立创新实验室、创业孵化器等创新平台，组织创新比赛和活动等。这样的环境和文化可以激发大学生的创新意识，培养他们的创新思维和创新品格。同时，教育方式也不能生硬灌输，以免大学生产生厌烦情绪和叛逆情绪。

虽然大学生创新精神鼓励全面发展，但也应当正确看待大学生能力固有的局限性。每个人都有不同的能力和天赋，应该接受和尊重这些个体差异。不同的人在不同领域可能有各自的优势和局限性。培养创新精神的过程中，要给予大学生足够的理解和包容，避免苛求他们能够在所有方面都表现出卓越的能力。创新教育要了解大学生的能力和局限性，为他们提供适当的支持和资源，帮助他们在创新领域发挥自己的长处，并克服自身的局限性。

鼓励大学生在团队中相互合作，互相补充。团队合作可以弥补个体能力的局限性，每个人都能发挥自己的优势。通过鼓励合作，大学生可以学会倾听他人的观点、互相学习和成长，从而为创新提供更全面和多元的视角。

教育大学生培养积极的心态和成长思维，鼓励他们将挑战和失败当作学习和成长的机会，而不是局限自己的能力。通过培养积极的心态，大学生可以更好地面对自身的局限性，并持续不断地提升自己。

除了专业能力外，强调大学生的全面发展。鼓励他们培养广泛的兴趣爱好、实践经验和社交能力，拓宽自己的视野和知识面。这样的全面发展可以帮助大学生在创新中引入多元化的思维和观点，弥补个体能力的局限性。

（四）大学生创新精神培养路径

1. 培养大学生不断探索的求真精神

求真精神的内涵就是对真理的不断追求。在科学认识过程中，体现为不断找寻客观存在的规律性，从而得到真理。找出真理的过程，本身就蕴含了勇于探索的精神。只有对真理保持绝对的执着，不怕困难，艰苦奋斗，坚持探索，顽强拼搏，最终才会到达真理的彼岸，获得真理。

2. 培养大学生尊重事实的求实精神

求实精神认为任何科学研究都是基于客观事实的，无论进行何种的科学创新研究，都要尊重事实依据。可以说，科学精神的内核就是实事求是，不尊重事实依据、不服务于事实的科学研究都是妄谈，是不应该存在的。同时，求实过程还应体现一种乐于求证的精神。任何理论都需要在实践中检验，否则就是一种虚化空谈。只有在实践中反复求证，才能不断完善理论的科学性。

3. 培养大学生敢于变革的创新精神

科学精神要求在科学研究中以客观事实为依据，做到实事求是。但是客观存在却是随着时间推移不断运动、变化、发展的，如果想准确捕捉客观真理，就必须不断地提出新方法、新技术，拥有新的思维意识。在面对新的问题时，充分发挥自身的主观能动性，敢于变革、敢于批判、敢于创新，始终保持基于客观事实的理论研究，做到与时俱进。

4. 培养大学生团结合作的协作精神

培养大学生的科学精神，首先应注重大学生对科学哲学的学习，这是培养科学精神的基础。在学习科学哲学的过程中，认识科学本质，领略科学真理，追求真理精神，把握事物发展的客观规律，形成正确的世界观、人生观和价值观。其次要注重对大学生自身观察力、注意力、记忆力和思维力的提高培养。只有通过对事物的细致观察，从而达到对事物本质的认识，继而才能实现创新创造；创新不是一蹴而就的，需要思维始终处在活跃的状态，这就需要用意志保持持久的注意力；培养良好的记忆品质，尊重记忆规律，在科学创新过程中采用科学正确的记忆方法，保证记忆内容的准确性；始终遵循思维发展的规律性，明确思维从感知到具体再到抽象的发展过程，使思维在发展中逐渐具有灵活性、批判性和创造性。

大学生要积极投身到实践活动中去。实践出真知，要想树立科学精神，实践是根本途径。在校期间应积极参加各种校园社团、协会，或是科技实践活动，或科学研究和科学实验等活动，从这些实践活动中培养自身的协作精神和创新精神。

第二节 当代大学生创业的环境

一、创业环境的含义及创业时代

（一）创业环境的含义

创业环境是指创业者在创业的过程中，围绕创业企业成长而变化、影响创业企业成长的各种要素及其要素所组成的系统。它包括政治、经济、法律、科技、社会、自然等方面的因素，这些因素相互作用、相互制约，构成一个有机整体。

依据创业环境要素的归属，创业环境分为一般环境和特殊环境，如图4-2-1所示。一般环境包括政治与法律环境、经济与技术环境、社会与文化环境、自然环境等要素。特殊环境包括产业环境、融资环境、市场环境、利益相关者等要素。

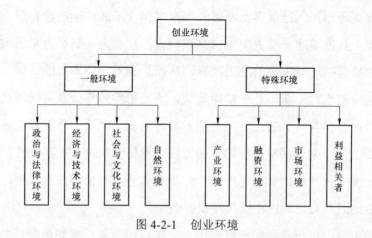

图 4-2-1 创业环境

政治与法律环境包括国家政治制度、政治的稳定性、政府对创业者的态度、法律政策、政府政策、政府项目等。政治与法律环境涉及创业行为的难易程度及其安全性，从而直接或间接地影响着创业活动，因而是创业者决定创业方向的重要评价因素。

经济与技术环境包括经济体制和经济政策、经济发展水平及其发展潜力、市场规模及其准入程度、科技发展水平、金融支持、研究开发转移、商业环境、社会基础设施等因素。创业者的创业动机虽然有着很大的差异，但基本上是以追求经济利益为基本前提的。因此，经济因素是影响创业的直接因素。一个国家和地区的经济是否发达、市场是否成熟、技术是否先进、社会设施是否完善都对创业起着决定性的作用。

社会与文化环境包含的内容非常广泛，如宗教、语言、教育体制、培训等。创业者在选择创业地点时要关注创业所在地区的人们的处事态度、价值取向、道德行为准则、教育程度、风俗习惯等构成的环境因素。社会文化因素与政治因素不同，政治因素一般带有强制性，而文化因素则带有习惯性。

自然环境同样也是创业者需要考虑的重要因素。创业者在选择创业项目时，要考虑到对周围环境的影响，提倡绿色环保，坚持可持续发展。目前我国禁止排放超标的项目创业。

特殊环境属于创业的微观环境，微观环境涉及创业者选择的产业状况、是否是国家支持行业、行业进入壁垒、融资的难易程度、市场竞争力的大小、相关利益者的态度与利益等，和企业密切相关，直接影响到创业企业战略的选择、策略的制定以及创业的成功与否。

此外，依据创业环境因素的性质，创业环境还可分为硬环境和软环境。硬环境是指有形的环境要素，包括物质环境和区位环境，如基础设施、交通条件等；软环境是指无形的环境要素，如政治法律环境、经济环境、文化环境等。

（二）创业时代

知识经济时代已经来临，时代呼唤着高素质的创新与创业人才；随着全球一体化进程的快速发展，全球竞争加剧，创新创业已经成为 21 世纪经济发展的原动力和"发动机"，是当代科技进步的"助推器"，是一国经济繁荣的驱动力。

大学生创新创业教育是时代发展的要求、国家发展的需要、经济发展和转型的强大动力，同时又是高等教育教学改革的重要内容。各级政府也纷纷将大学生创新创业作为工作重点，出台了一系列鼓励大学生创业的优惠政策。各高校也逐渐意识到激发大学生创业意识、培养大学生创业精神与创业能力的重要性。1998 年 5 月，清华大学成功主办了第一届大学生创新创业计划大赛之后，全国"挑战杯"大学生创业计划竞赛、全国大学生电子商务"创新、创意及创业"挑战赛、"互联网＋"大学生创新创业大赛等创新创业类竞赛极大地激发了大学生创新创业的热情。2012 年 8 月 1 日，教育部印发《普通本科学校创业教育教学基本要求（试行）》，鼓励普通高等学校开展创业教育，各高校纷纷响应文件精神，结合自身实际情况，积极探索大学生创新创业教育，将创新创业教育纳入教学培养体系，成立创业园、开设创业课程。

在"大众创业，万众创新"浪潮的推动下，国家及各级政府都在不断加大创业政策支持力度，从金融支持、政府政策、项目、教育和培训、研究开发转移、商业环境及专业基础设施、市场开放程度、有形基础设施、文化及社会规范等方面推动我国社会创业环境的优化。如果说十年前的中国大学生是受比尔·盖茨等人的影响去创业的话，十年后的今天，一个个中国大学生义无反顾地投入创业热潮，除了带有对中国式创业神话的崇拜外，更多地还是因为对当前创业环境和自身所具备的创业能力的自信。

二、创业教育

（一）创业教育的内涵

创业教育（Enterprise Education）最早是由联合国教科文组织在 1989 年"面向 21 世纪教育发展趋势研讨会"上提出的，大会指出创业教育从广义上讲是为了培养具有开拓性的个人。美国考夫曼基金会（Kauffman Foundation）曾经把创业教育定义为：为个体提供创业知识、培养创业技能，以期能够识别他人所忽视的机会，并在他人犹疑之时具有采取行动的远见和自信。杨爱杰认为，创业教育就是指培养学生创业意识、素质和创业技能的教育活动，以及教会学生适应社会生存、提高能力和自我创业的方法和途径。世界经合组织专家柯林·博尔在《学会关心：世纪的教育圆桌会议报告》中提出，创业教育通过开发、提高学生创业的基本素质和能力，使学生具备从事创业实践活动必需的知识、精神、能力和心理品质，其是未来的人除了学术性和职业性的"教育护照"之外应该掌握的第三本"教育护照"。

从上述关于创业教育的界定中，可以看出创业教育的目的是首创精神、冒险精神、创业意识的培养，创新创业能力与综合素质的提升。创业教育更多的是从理论和实践的角度向学生传授创业精神、创建经营企业的知识与技能及在企业中工作的技能、态度和价值观等。

因此，创业教育是指以创造性和创新性为基本内涵，以课程教学与实践活动为主要载体，以开发和提高受教育者综合素质为终极目标，培养其未来从事创业实践活动必备的意识、知识、能力的素质教育。创业教育的核心在于创业精神和创业能力的培养。创业教育的目标不是使每一个接受创业教育的人都成为企业家，而是使他们具有创业精神和创业能力。创业教育要为个人潜能的释放、自我价值的实现带来机会，使个人为经济和社会的发展作出独特的创造性贡献。

（二）国外高校创业教育

1. 美国高校创业教育

1947 年，哈佛大学商学院首次在美国开设创业课程，主要目的是为第二次世界大战退伍老兵提供创业教育，解决他们的就业问题。目前形成了完善的创业教育支撑体系，系列化创业政策也为创业教育提供了良好的创业环境。

美国高校建立了比较完善的创业教育体系，全校性创业教育已成为美国高校创业教育的主流。有些高校通过多种形式推进各学科的创业教育，将创业精神融入课程计划，培养未来的创业型人才。例如，密歇根州立大学为工程学院的高年级学生开设工程创业课程。有些高校依托商学院或管理学院，构建完整的创业教育体系。如麻省理工学院斯隆管理学院成立创业中心，以培养学生从事高科技创业为目标，其创业教育促进了科技与创业、创新与发明、新理念与新产品的充分整合。有些高校跨校整合优势资源，共建创业教育项目，如佐治亚理工学院和埃默里大学从 2002 年开始跨校合作，推出"技术创新产生经济效益"项目，通过整合佐治亚理工学院的技术和专业优势及埃默里大学的法学优势，促使创业精神与技术创新、法律相融合。

2. 英国高校创业教育

英国创业教育者协会是英国高校创业教育的主要管理机构。英国创业教育者协会将一些大学组织起来，开展创业教育，为大学的学术创业（包括知识转化和技术转化）提供强有力的支持，建立起一个大学之间的交流网络。早在 2004 年，英国就成立了全国大学生创业委员会，引导创业教育发展，开展创业教育理论研究和实践推广工作，组织创业教育会议、创业指导咨询、创业计划大赛等各种活动。该委员会重视国际交流与合作，如与美国考夫曼基金会合作建立了全国大学生创业委员会—考夫曼基金会创业伙伴计划。

英国高校创业教育形成了课堂教学、课外活动、创业实践和创业指导于一体的模式。很多高校将创业教育融入专业学科之中，开发出具有特色的创业课程和教学模式：有的高校将创业教育明确纳入大学的发展规划和政策之中，为创业教育的开展创造良好的制度环境；有的高校鼓励师生的创业活动，为师生创办企业提供相关知识和技术支持，尽量减少创业所带来的风险；有些高校制定明晰的奖励制度，支持科研成果的转化和衍生企业的创办，对在创业教育方面作出贡献和成绩的教师给予奖励和学术发展的机会。

此外，随着新技术的发展，互联网正成为英国大学生创业的一个重要渠道。互联网的发展催生了新的商机，使一些不可能成为可能。

（三）中国高校的创业教育

中国高校创业教育模式大致属于政府驱动型发展模式，中央和地方各级政府的创业教育政策对中国创业教育的发展起着举足轻重的作用。从整体上看，中国创业教育政策不断增多，中国创业教育政策呈现爆发式增长的态势。推动创新创业教育，旨在培养学生的创新精神，激发人的创造力，尤其是激发青年的创造力，造就规模宏大、富有创新精神、敢于承担风险的创新创业青年人才。

2014 年 5 月，《关于实施大学生创业引领计划的通知》提出普及创业教育。2015 年，《关于深化高等学校创新创业教育改革的实施意见》提出"从 2015 年起全面深化高校创新创业教育改革。2017 年取得重要进展，形成科学先进、广泛认同、具有中国特色的创新创业教育理念"和"普及创新创业教育"，明确提出完善人才培养质量标准、创新人才培养机制、健全创新创业教育课程体系、改革教学方法和考核方式、强化创新创业实践、改革教学和学籍管理制度、加强教师创新创业教育教学能力建设、改进学生创业指导服务、完善创新创业资金支持和政策保障体系等重要举措。2015 年 8 月，《关于加快发展民族教育的决定》再次强调要加强普通高校、职业院校毕业生就业创业指导。开设就业指导课程，普及创业教育，引导学生树立正确的择业观，增强创业意识和创业能力。

在联合国教科文组织亚太教育局、中国联合国教科文组织全国委员会的指导与推动下，2014 年 11 月，联合国教科文组织中国创业教育联盟在杭州成立。旨在加强与国际组织、国内外学校、文化机构、企业的交流与合作，共同打造中国创业教育合作平台，大力推动中国创业教育、创业群体可持续发展。联盟成立以后，与国际组织、国外大学积极合作，通过学术研讨等一系列活动，推动了中外创业教育的交流与合作。此外，国际劳工组织（Intenational Labour Organi-zation，ILO）等国际组织积极参与中国大学生创业教育活动，对推动中国高校创业教育发挥了积极作用。

我国创业教育改革有四大发展目标，分别是构建创新创业教育体系、普及创业教育、创业教育纳入国民教育体系、创业教育融入人才培养。经过几年的发展，我国的创业教育不仅是一种培养学生创业能力的工具，更成为一种全新的教育理念，并与国际组织联合实施了创业教育（中国）项目（Know About Business，KAB）和中国青年创业国际计划（Youth Business China，YBC）项目，且取得了显著成绩。

三、"互联网+"与创业

随着互联网技术的发展，传统行业和产业不断转型升级，创新创业同样不能避免受到影响。

"互联网+"是对创新 2.0 时代新一代信息技术与创新 2.0 相互作用共同演化推进经济社会发展新形态的高度概括。在 2012 年 11 月 14 日的易观第五届交通移动互联网博览会上，易观国际董事长兼首席执行官于扬先生首次提出"互联网+"理念。他认为，所有的传统的产品和服务都应该被互联网改变。创业公司必须找到自己所在行业的"互联网+"，在为用户创造价值的同时成就公司价值。在未来，"互联网+"应该是我们所在行业目前的产品和服务在与我们未来看到的多屏全网跨平台用户场景结合之后产生的一种化学公式。

"互联网+"的实质是信息化和工业化的相互融合，用信息化带动工业化。互联网作为核心和引擎，促进工业、农业、服务业各方面进行创新发展，是现代社会经济发展的主流模式。北京邮电大学金永生教授指出"互联网+"的实质含义就是将以互联网尤其是移动互联网为主的一整套信息技术（包括互联网、移动互联网、大数据、云计算技术等）作为基础，把这一整套技术在政治、经济、社会生活等所有部门进行扩散和应用，进而不断展示和释放出数据流动性的过程。"互联网+"模式以信息技术为基础，将生产资料、生产技术、生产成果有效地结合起来，为所有需要的人所用，极大地提高了生产效率，给人们的生活带来更新、更有意义的变化。对创业者来说，如何掌握这一路径，将自己的创业理想和"互联网+"联系起来显得至关重要。

2015 年 7 月，国务院印发了《关于积极推进"互联网+"行动的指导意见》，明确了未来三年及十年的发展目标，明确推进"互联网+"、促进创业创新、协同制造、现代农业、智慧能源、普惠金融、公共服务、高效物流、电子商务、便捷交通、绿色生态、人工智能等若干能形成新产业模式的重点领域发展目标任务，并确定了相关支持措施。到 2018 年，互联网与经济社会各领域的融合发展进一步深化，基于互联网的新业态成为新的经济增长动力，互联网支撑"大众创业、万众创新"的作用进一步增强，互联网成为提供公共服务的重要手段，网络经济与实体经济协同互动的发展格局基本形成。

在"互联网+"的时代，创业变成了一项高技术、高水平、高发展的系统工程。互联网兴起以来，以前所未有的速度掀开了创业的变革。互联网解决了地域问题，解决了沟通交流问题，解决了信息差问题，解决了经营成本问题，解决了企业形象和宣传推广问题，而这些都大大降低了创业企业的经营成本。李彦宏、马化腾等互联网大咖，都把握住了互联网发展机遇，从而崛起并引领一个时代的发展。近几年崛起的年轻人，大多也是借助了互联网的力量。过去可能需要几十年甚至上百年才能打造出的商业巨头，现在依托互联网可能只需要几年的时间。共享经济中的共享单车、滴滴、美团等也是依托互联网崛起的，想要在互联网行业成功创业，最重要的是想法和抢占先机。所以，越来越多的大学生选择以互联网作为技术平台，通过对传统行业的互联网"升级"，让互联网介入相关产品和服务，在产品说明、价值呈现、服务介绍、技术应用等方面向客户提供服务，从而赚取利润。

坚持就业优先、以创业带动就业不仅是解决大学生就业的有效途径，而且是实现大众创业、万众创新，带动中国新一轮发展的新引擎。目前互联网技术深深融入社会经济发展的方方面面，大学生应充分利用互联网，将自己在信息技术方面的优势转化为创新创业优势，以"互联网+"思维带动成功创业。

当然，互联网时代创业也并非轻而易举。互联网时代进行创新创业，需要具备"互联网思维"，互联网思维是实事求是的，也是跳跃式的思维。互联网时代进行创新创业，要具有逆反式的创新思维，这样才能够洞悉瞬息万变的商机，以适应不断变化的市场环境。互联网时代进行创新创业，并不是完全抛弃传统产业与技术技能，而是要借助互联网，在传统产业上有所突破。互联网时代进行创新创业，要对创业的目标进行细分，选择一个自己熟悉的细分行业才有足够的优势。互联网时代是一个强调个性化的消费时代，创新创业者要专注地做一件事，形成技术优势，才能实现创业成功。互联网时代进行创新创业，在埋头奋斗的同时，也要关心国家的方针政策，选择对自己最有利的创新创业社会经济环境。

第三节　创业精神与创业者的素质要求

一、创业精神

（一）概念解释

1. 精神的内涵

"精神"一词来源于拉丁文 Spirtus，意思是轻薄的空气、轻微的流动、气息。在中国古代，有思想家把精神理解为精灵之气及其变化。汉语中"精神"有两种解释：一种解释是指人的意识、思维活动和一般心理状态，另一种解释是指表现出来的活力。精神有时也作为实质、本质的同义语。精神有不同的表现形式。从对物质的关系来说，任何形式的精神都是由物质派生的，是第二性的。马克思主义哲学认为精神是高度组织起来的物质，即人脑的产物，是人们在改造世界的社会实践活动中通过人脑产生的观念、思想上的成果。人们的社会精神生活即社会意识，是人们的社会物质生活即社会存在的反映。但是，精神又具有极大的能动性，通过改造世界的社会实践活动，精神的东西可以转化为物质的东西。

所以，精神表现为人的一种心理过程和心理特征。人在实践活动和生活活动中和周围的环境发生交互作用，必然产生这样或那样的主观活动和行为表现，这就是人的心理活动，或称为心理。心理特征是指一个人身上经常、稳定地表现出来的心理特点。具体地讲，外界事物或体内的变化作用于人的机体或感官，经过神经系统和大脑的信息加工（Information Processing），引起人们感觉和知觉周围事物，注意环境的变化，记忆发生的事情，思考各类不同的问题、想象等，这就是人的认知（Cognition）或认识（Knowing）过程；喜、怒、哀、乐、爱、恶、惧等是人的情感过程；人根据既定目的，克服困难，做出努力，并通过行为去处理和变革客观的现实，这就是人的意志过程。这三个过程简称知、情、意，是人的心理过程。同时，对待某个事件，不同的人表现出不同的能力、气质、性格、兴趣、动机和价值观等差异，这种差异既与个人的先天素质有关，也与后天的经验和学习有关，这就是人格（Personality），又称个性。

2. 创业精神的含义

创业分为广义创业和狭义创业，同样，创业精神也可以从广义和狭义两方面加以理解。

广义的创业精神是指创业者在创立基业、开创新事业的过程中所具有的心理过程和心理特征。在这里，创业精神代表了一种以创新为基础的做事与思考方式，具体可以包括创新创业意识、创新精神、合作（或团队）意识、进取意识、风险意识、创业动机等。

狭义的创业精神就是企业家精神，不同的专家学者对狭义的创业精神作了不同的阐述。熊彼特认为，企业家精神是一种经济首创精神，即创新精神，企业家精神就是做别人没做过的事或是以别人没用过的方式做事的组合。

德鲁克（Peter Drucker）提出创业精神其实更多地表现为一种创新性的活动或者行为。创业者通过这种行为对原有的资源进行重新组合，从而使其产生新的财富。德鲁克认为创业精神应该是社会必备的一种创新精神，并且认为正是因为拥有了这种创新精神才会推动社会的发展。他在他的著作中论述道，在经济生活中变革是最基本的一种状态，虽然企业家一般无法制造变革，但是他们一直关注并且追寻变革的脚步，在变革的过程中寻求机会，并且利用机会进行变革，这就是企业家及他们拥有的创业精神。

熊彼特认为，企业家的行动，是创新和经济发展这些"重要现象的动力"。获取创新产生的超额经济利润，是企业家进行创新的原动力之一。同时，他又认为，除利润动机外，创新和经济发展最主要的动力是企业家精神。企业家精神主要包括：创造性和首创精神；强烈的成功追求欲望和"事业成功至上"的价值观；甘冒风险、以冒险和战胜艰难困苦为乐的精神；强烈的事业心。在精神的推动下才能实现创新和发展，因此，企业家精神是经济发展的最主要动力，是创新的灵魂。

虽然论述不尽相同，但是基本思想大致一致。狭义的创业精神就是企业家精神，是指创业者创办企业的过程中所具有的心理过程和心理特征。它是创业者在市场竞争中不断开拓进取创造新价值的精神，是人们在创业实践活动中通过人脑产生的观念和思想成果，是通过其创业行为（或行为特征）表现出的心理过程和心理特点。创业精神的内涵可以从以下三个方面理解。

其一，创业精神表现为一种心理过程或心理特征。在创业实践中，创业者心理过程往往表现出创新、冒险、领先行动等心理特征或行为特征。

其二，创业精神的形成是一个动态的由量变到质变的过程，是一个由不明确、不稳定到明确、稳定的内化过程。创业者在创业文化环境的影响下，不断积累创业相关的知识和经验，认知和意志不断变化，实现了创业精神从量的积累到质的变化，将不明确、不稳定的创业精神内化为明确的、稳定的创业精神。

其三，创业精神的形成可能与创业者的天赋有关，但更多的与创业者的后天知识和经验相关。创业者先天具有的诸如对创业机会的洞察力和敏感性等天赋，对创业精神的形成有着一定的影响，但是创业精神更多是通过后天的教育和实践，随着创业者认知水平的提高及其在实践活动中相关经验的积累，不断内化而形成的。

3. 创业精神的特征

创业精神具有创新性、冒险性、领先行动、长期性、合作性、社会责任等特征。

（1）创新性

创新性是指创业者以强烈的创新愿望、动机和意图，在创业过程中持有强烈的事业心和成就欲，具有战略眼光，致力于开拓进取，力图创造出新的、不同的价值或把现有的资源组合成新的更具生产力的形态，创新性是创新精神的内在本质。熊彼特提出了创造性破坏理论，也是率先提出业务创新对公司具有重要性的人物之一。无论是引进新的产品和新的生产方法、开辟新的市场、追求新资源，还是开发和执行新主意或新行为、创造新组织、创造新财富，都是创新的体现。创业者把"变"看成一种准则，把变化作为一个可供开发的机会，寻求变化并对其做出反应。

（2）冒险性

冒险性被包含在创业精神中，来源于创业型企业家与工人的比较。卡米伦曾提到，区别企业家与工人的最主要因素是冒险性。从主体角度看，创业者的冒险是向创新结果的不确定性挑战，并在挑战中得到高峰体验的心理特质；从客观过程看，创业者的冒险活动是以尽可能多的信息为基础，进行谨慎周密判断，独具慧眼，去发现别人还没有发现的获利机会，或抓住别人虽已发现但还不敢决断的获利机会；从概率上讲，创业者所冒的风险，是与创新活动相伴而生的无法克服的偶然性。任何一项创新活动，不可能自始至终保持一帆风顺。在某种程度上，不敢冒险，就不会有创新；怕犯错误，只能因循守旧、墨守成规。失败是成功之母，只有从失败中爬起来的创业者，才有可能取得成功。但又必须指出的是，创业者的冒险与那种盲目的、无方向和无目的的胆大妄为有着根本的区别。

（3）领先行动

创业型企业家的领先行动，即发现、运用新机会和参与刚刚出现的市场机会，对公司的成长起着很大的作用，是公司保持竞争优势以获取稳定高收益的最好战略。毫无疑问，获得利润、实现利润最大化是创业者的直接目的，但创业者不只把利润的多寡作为检验自己成功与否的外在尺度，其根本动机在于通过盈利多少来衡量自己为社会贡献的多少和作为人的价值的大小并从中体验生命的意义。

（4）长期性

长期性是创业精神的基本元素，它使个体具有主动性而不仅等待问题的发生，更多地考虑将来和长期的工作效率。创业精神既不是上司要求的，也不是岗位职责规定的，是主动的、自发的心理特征和行为过程，具有明显的坚定性特点，一旦形成，便会长期存在。

（5）合作性

单枪匹马可以成就一番事业，但是团结任何有利于成功的力量，成功的概率就会更大。在创业精神中，个人英雄主义并不能占到主导地位，团队意识、合作精神才是其价值核心，个人在创业活动中经常要通过团队的资源去实现价值创造的过程。将不同的人组合到一起，开发各自的优势资源从而达到利益最大化的合作过程是创业精神的一个重要体现。

（6）社会责任

伟大的创业者不是完全为了实现个人的财富梦想，而是为了帮助普通人实现梦想，创业精神中也包括创业者必须承担的社会责任及甘于奉献的精神。一个人创业所做的事业，应该把实现社会价值和赚取财富结合起来，成功的创业者应该是一个有社会责任感的人。随着"80后""90后"创业人士的涌现，年轻一代创业最重要的变化就是他们对精神层面的追求更为纯粹，社会责任成为他们构建新的商业模式时主动考虑的重要组成部分。未来，中国最好的企业家都会以"社会企业家"的姿态出现。

（二）大学生创业精神的培养

创业是一种人生，是一种态度，是一种经历，是一种精神。只要有了这样一种精神，在任何环境下，通过众多可能的形式或方式，总能在这个世界上闯出一片展现独特个性、人格、能力和魅力的新天地。

1. 大学生应具备的创业精神

（1）创新创业意识与创业激情

创新创业意识是大学生创业的一个重要素质，在瞬息万变的环境中推陈出新是培养大学生创业精神的重要环节。创业的激情不是一时冲动，而是持久的追求与不懈的努力，是支持大学生创业的内在驱动力。创业是一个长期努力奋斗的过程。立竿见影、迅速见效的事是极少的。创业需要百折不挠、坚持不懈的意志。大学生在方向目标确定后，就要朝着既定的目标一步步迈进，纵有千难万险、迂回挫折，也不轻易改变、半途而废。培养创新创业意识，保持创业的激情，是大学生创业成功的关键因素之一。

（2）坚定的创业信念

自信、自强、自主、自立的创业精神是创业信念的具体体现。自信意味着创业者需要坚定的信心和积极的心态，相信自己的能力和创业项目能够成功，对自己的目标和愿景充满信心，并能够自我激励和克服困难。自强是指创业者具备自我进取和自我提升的精神，不断学习和成长，提升自己的知识、技能和经验，以适应变化的市场环境和迎接挑战。自主是指创业者具备自主决策和独立思考的能力，有能力制定自己的经营策略和规划，独立做出重要决策，并承担相应的责任和风险。自立是指创业者具备自立自强的意志和能力，不依赖他人或外部资源，积极寻找机会和解决问题的方法，以实现自己的创业目标。创业精神使创业者能够保持乐观自信，不断追求自我成长和提高，具备独立思考、决策和行动的能力，并主动寻求机会和解决问题的方案。这些品质是成功创业必需的，也是实现创业梦想的关键要素。

（3）一定的创业知识素养

大学生创业当然离不开创业知识的指导，这就需要专业技术知识、经营管理知识和综合性知识三类知识发挥作用。创业者在特定行业或领域中需要具备相关的专业技能和知识，如产品或服务的设计、开发、制造、技术应用等，娴熟的专业技术知识可以帮助创业者了解行业趋势、把握核心技术，从而在市场竞争中具备优势。创业者需要掌握基本的经营管理知识，包括市场分析、战略规划、财务管理、人力资源管理等，构建健康的商业模式，并进行有效的组织和运营，以实现企业的可持续发展。创业者还需要具备一定的综合性知识，如市场营销、法律法规、创新与创意、跨文化交流，以更好地应对市场的变化和挑战，与合作伙伴、客户和员工进行有效沟通，并遵循法律和伦理规范开展业务。

综合以上三类知识，创业者能够更全面地认识和把握创业的机会和挑战，更好地构建自己的创业项目和团队，从而提高创业的成功概率。虽然不同创业项目和行业可能需要重点关注不同类型的知识，但综合性的知识结构有助于创业者更全面地思考和应对问题，并在竞争中保持优势。除了基本的专业知识，创业者更要掌握综合性知识和管理科学知识。

（4）鲜明的创业个性

大凡创业成功者，一般都有鲜明独特的个性品质，创业者的个性品质是大学生创业的原动力和精神内核。创业是开创性的事业，在面对困难和不利时，个性品质的魅力在关键时刻往往具有决定性的作用。在创业人格品质中，使命责任、创新冒险、创业意志、正直诚信等意识品质与创业成败息息相关。

① 使命责任

创业活动是社会性活动，是各种利益相关者协同运作的系统。培养大学生的使命感和责任感并担当创业重任，上为国家作贡献，下为自己谋出路，才能创业成功，才能推进社会进步。

② 创新冒险

创新意味着打破常规，冒险意味着能够承担各种不确定性，能够承受潜在的风险和失败。创新和冒险是创业精神的核心要素，也是创业的内在要求。对于大学生创业者而言，创新冒险是他们内在动力的源泉，只有勇于创新，敢于承担一定的风险，才能够做别人没有做过的事情，才能在挫折中前行。

③ 创业意志

创业是对人的意志力的挑战。创业意志指创业者能百折不挠地把创业行动坚持到底，最终达到目的的心理品质。创业意志包括：一是创业目的明确，二是决断果敢，三是具有恒心和毅力。面对险境、身处逆境时要有永不言败的创业精神，坚持信念，承受压力，坚持到底，才能取得创业的成功。

④ 正直诚信

讲信誉，守诺言，言行一致，身体力行，胸襟广阔，厚人薄己，敢于承担责任，勇于自我否定，尊重人才，以人为本，倡导团队合作和学习，帮助团队成员获得成就感，坚持顾客价值、公司价值和社会价值的创造等品质无不体现了当代大学生的精神风貌、人格魅力和综合素质。

（5）积极的创业心态

积极的创业心态能发现潜能、激发潜能、拓展潜能并实现潜能，进而获得事业上的成就。积极的创业心态应包括：一是拥有巨大的创业热情；二是要清除内心障碍；三是要努力克服困难、创造条件，变不可能为可能。创业过程中，机会与风险共存。只要创业，就必然会有风险，事业的范围和规模越大，伴随的风险也就越大。没有承担风险的意愿与能力，创业时就会缩手缩脚，裹足不前，创业的理想也就会成为空谈。愿意并且能够承担风险，具有非常强的心理调控能力，能够持续保持一种积极、处变不惊、沉稳的心态，这种良好的创业心理品质是大学生创业者必备的积极的心理状态。

（6）经营管理能力

创办一个企业，不仅需要处理大量的事务性问题，还要为企业建章立制、整合团队乃至企业的资源、协调内外部环境。因此，大学生创业者还需要具备一定的经营管理能力和领导与决策能力，以保证及时处理所遇到的一切问题。

2. 大学生创业精神培育的路径

教育是使人的身心得到发展的最主要途径，人们总是在教育中成长，在成长中受教育。创业精神的形成可能与个体的天赋有关，但更多的与后天的学习或经验相关。所以，我们认为创业者的创业精神和能力是可以通过系统或非系统的创业教育活动加以培育的。

　　创业精神的培养过程是一项非常系统和复杂的工作。就大学生创业精神的培养途径而言，可以是家庭教育、学校教育、社会教育，但创业精神的培养更多的是三个系统共同作用的结果。个体创业精神培养的内在过程和路径可以简化为下面的表达式，如图4-3-1所示。

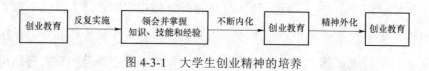

图 4-3-1　大学生创业精神的培养

　　创业教育的目标，对于个体而言，就是培养创业者的创业精神或者培养创业者"以创业精神为核心"的创业综合素质，最终形成和提高创业能力。通过创业教育的反复实施或者个体不断的学习或实践，人们领会、掌握相关的知识、技能和经验；随着个体知识、经验的不断累积，由量变到质变，内化为个体的创业精神；具备创业精神的主体和创业环境互动，使创业动机转变为一种创业行为。创业行为的结果反过来又强化其动机，促使创业者不断去掌握、领会相关知识技能和经验，推进创业教育的开展，对创业精神的培养发挥积极的作用。

二、创业者的素质要求

（一）创业者的个性素质

1. 独立性

　　从本质上来看，人一出生就具有独立性和依赖性。人出生来到这个世界，离开了温暖的母体，需要自己去呼吸、去运动；但另一方面，刚出生的婴儿又极其脆弱，极端依赖他人——自己的父母——来呵护、喂养。每个人身上都有着独立性和依赖性。重要的是创业者能否认识到这一点，即使自己有一定的依附性，但自己也有着强大的独立性。创业成功的人是那些善于摆脱依赖性，努力实现自己独立性的人。比如，中国改革开放之初，长期的计划经济体制使众多人具有极强的依赖性，人们依赖于单位、组织。人不能拥有太多自己的个性，尤其是独立性，人是单位的人，一生命运几乎已被注定。虽然改革开放就是要突破旧的机构、僵化的框架，使每一个人的聪明才智发挥出来，但大多数人还是依附于原先的生存方式。只有胆大的少数人，敢于丢掉铁饭碗，抛弃依附性，开始自己独立创业，并迅速成为富起来的一族。

真正决定要创业的人，要认识到什么是真正的独立性。真正的独立性首先是思想上的独立性，承认专家权威的存在，但不盲目听从他们的建议，而是用自己的头脑去独立地思考，这种思想的独立性是创业者的基本素质之一。

2. 创造性

市场竞争在现代经济下显得异常激烈，创业者一定要善于独辟蹊径，无论是在产品生产上，还是在包装设计上，甚至在营销方式、售后服务等方面都要有独创性。在现代市场营销中，能否具有独创性，已经成为一个企业能否在竞争中立于不败之地的重要因素。

传统中国文化中存在着"求同存异"的思想，这在解决思想分歧，顺服人际关系方面有着重要的作用。创业者在企业内部关系、企业外部关系等人际关系方面，应当发挥求同存异的思想。在公司内部，充分发扬民主，不搞一言堂，不搞个人独裁。要集思广益，在公司决策尚未作出阶段，组织专家学者，或者公司不同部门、不同阶层的员工坐在一起，不拘一格，就同一问题进行激烈争论，以求思想碰撞得出智慧的火花，这种"头脑风暴法"就是"求同存异"的最好例证。但是，任何一种方法都有其应用范围，在本公司与其他公司竞争时，一定要避免老生常谈，不要走"求同"的路子，而是着力求异。

独创的个性来源于人的不断增长的需要，是人不知足的本性反映。创业者应具有极强的独创性，这是其积极进取向上的生命力的源泉。创业者在创业之初，一切都处于全新状态，创业者会花费大量心力试图创建一种公司经营运作的模式，这对于公司稳健地成长是非常有必要的。在求稳的同时，创业者千万不要忘了求异创新。有的创业者把打江山的成功经验奉为圭臬，在公司内制定的制度任何人都不能违背，也不能质疑。

这些创业者最终会发现公司失败的根源就是过去那些所谓的成功经验。世上万物都在变化，尤其在商界，事物变化的速度越来越快。商业经营的是人们的品位，要创造的是人们的生活方式，为人类的生存提供不同的选择方案。但是人们的个性是喜新厌旧的，人们不会因为一个产品质量好就长期使用，人们会因为新产品的出现而放弃旧的产品。在流行音乐圈中这种现象非常突出，一个歌星往往就辉煌几年，他的歌曲不论多么动听悦耳，也只流行一阵子，在新的歌曲流行时，旧的所谓金曲很快就销声匿迹了。商业领域也是如此。创业者在创业伊始要紧紧把握人们喜新厌旧的心理，在消除人们疑虑的同时大力宣传产品的时代感，使之能迅速满足人们求新的感觉。在公司发展到一定规模时，创业者千万不要裹足不前，故步自封，而要加强创新，推出新的产品。在公司的经营管理中，应当允许更多的人提出大胆新奇的想法，鼓励员工充分发挥各自的个性，不要把公司办成一个死气沉沉的集体，而应办成一个不断超越自身、自我创新的有机体。

3. 进攻性

商场如战场，竞争短兵相接，十分残酷，只有那些敢于冒险、勇于实践的人才能胜利，才能成功。我国经济已从"卖方经济"过渡到"买方经济"，随着市场规模的不断扩大，自由竞争的市场体制已逐渐代替了垄断的市场体制，每一个厂商和经营者都面临众多的竞争对手，创业者必须具有进攻性，不迷信书本，也不迷信权威，勇于尝试，主动出击，充分发挥自己的主观能动性，才可能发现并抓住稍纵即逝的市场良机，从而踏上成功之路。

4. 坚韧不拔的毅力

创业道路上既有成功，也有失败，无论成功还是失败，创业者都要充分发挥坚韧不拔的品性。创业者要时刻做到心中有数，在面临一次又一次失败的打击时，创业者要靠坚韧不拔的精神去克服，要凭顽强的毅力去承受失败的打击。创业者不仅要培养自己面对失败时坚韧不拔的品质，而且要在公司内部建立一套宽容的机制，允许公司员工犯错误，鼓励员工勇敢地去创新。

比如，美国的一家计算机外部设备公司的宗旨中有一条：我们允许公司里的人犯错误，但必须是创新中的错误，而不应是低层次的程序化过程中的错误。有创新，就会有失败，但这种失败从另外一个方面看可以推动了公司的进步。创业者在失败面前要坚韧不拔，在成功面前也要坚韧不拔地推行公司的规章制度。这一条是为许多创业者及大公司的领导者所忽略的。中国著名企业北大方正集团在这方面就有深刻的教训，值得每一位创业者去领会。北大方正集团是以高科技起家的，产品的科技含量很高。企业刚创建时，产品一问世就引起极大轰动，市场上供不应求。因而方正没有遭受一般创业者所面临的失败，一帆风顺地迅速成长，利润丰厚，财源滚滚而来。辉煌的表面下潜藏着方正集团管理上的缺陷。公司的领导人、大部分员工都是搞科研出身，对市场的了解十分肤浅。但由于创造了符合市场的产品，因而方正前些年非常红火。但后来却出现了利润大幅度滑坡的现象，集团内部权责不清，人浮于事的弊端也逐步显露出来。公司的发展速度明显缓慢下来。北大方正集团的高层领导回首往事才发现公司在成功时没有坚定不移地在公司内部进行科学管理机制的建设。尽管公司盈利情况一度良好，但公司的隐患却一直没有消除。因而北大方正高层领导人决定请李汉生来做方正总裁，大刀阔斧地进行公司内部的改革。李汉生先生原先不属于北大方正集团，他曾经做过中国惠普公司的总经理，以善于管理著称。李汉生先生入驻北大方正被称为是"空降部队"，被各方寄予厚望，希望李汉生能彻底治好北大方正内部管理的弊病，使北大方正重新焕发无限生机。北大方正的领袖王选教授谈到公司出现的问题时表示，在商业领域，失败是成功之母，成功也会成为失败之母。因而创业者无论是在失败时还是在成功时，都要以顽强的毅力去建设公司的健康架构，不要被失败吓倒，也不要被成功冲昏了头脑。

（二）创业者的文化素质

专业知识对于创业者来说是十分重要的，一个创业者要全面进行公司的运作经营，了解商务运作的专业知识是十分必要的，如了解基本的企业管理理论和实践，包括组织结构设计、人力资源管理、团队建设、决策制定与执行等方面的知识；掌握财务管理的基本原理，了解税务政策和相关法规，以保持公司财务状况的稳定和合规性；学习市场营销的理论与实践，了解市场调研、竞争分析、品牌推广、销售策略等方面的知识，掌握如何确定目标客户群体、制定有效的市场推广计划，并能够进行客户关系管理与销售管理；了解生产流程管理、供应商选择与管理、库存管理的流程，以确保产品或服务的高质量和供应的及时性；了解相关法律法规，确保公司各项运营活动符合法律要求，并能保护自己的知识产权；关注行业发展趋势和市场变化，培养创新思维和创造力。通过不断地创新和改进，推动企业的持续发展。

人的文化修养不仅体现在思想道德和专业知识上，也集中体现在人的思维方式上，可以说人的思维方式是文化素质的综合体现。创业者要努力培养自己对事物的好奇心，不要对一些事情熟视无睹。时刻对周围事物保持强烈的好奇心，是一些成功企业家不同于常人之处。

文化素质的修养来自长时间的人生积累，因此创业者不能只关注业务和市场，还应当在生活中留心观察、总结思考。虽然创业者大都面临繁忙紧凑的日常事务，但不能一概视之，要理性思考、分清主次、妥善安排，尽量使工作和生活都走上条理化的道路，每天留出反思和总结的时间。此外，要想积累文化素养，充实的业余生活也十分重要，阅读、语言学习、参观展览和博物馆、社交活动都是增进文化素养的理想途径。创业者应每天尽量保留固定的阅读时间，选择不同领域的书籍和文章，包括历史、文学、艺术、哲学等，还可阅读企业家创业史等书籍，这样可以扩大自己的知识面，培养综合思考和理解问题的能力；利用业余时间，去参观当地的博物馆、美术馆、历史陈列馆等文化场所，拓宽自己的视野和审美；积极参与各种社交活动，结识不同行业和领域的人士，了解更多的文化背景和视角。此外，在日常工作中尝试将艺术和文化元素融入产品设计、营销推广至公司文化中，通过与艺术家合作、举办文化活动或支持相关项目，也可以提升自己对文化的敏感度和理解力。长此以往，创业者不但能养成良好的生活习惯，还能促进思维运转、提高思考能力，这意味创业者在文化素质上也有了不小的成就。

（三）创业者的领袖素质

1. 人际协调者

创业者是企业带头人，要领导其他人开创企业的未来。因而，创业者既要善于协调企业内部各种人际关系，又要为企业建立外部良好的人际关系。总结起来，创业者可以通过寻找合作机会、建立客户关系、参与社区活动和倡导开放沟通等方式扩大企业的影响力和合作网络，为企业的发展提供更多机会和资源。创业者应该注重企业的品牌形象和声誉管理。通过提供优质的产品或服务，遵守商业道德，积极履行企业社会责任，建立良好的口碑和信誉。创业者可以积极主动地寻找合作伙伴、行业协会或商业网络组织等，参与行业内的活动、研讨会和展览会，与其他企业家和专业人士建立联系，通过合作共赢、资源共享，建立稳固的合作关系，拓展企业的外部人际关系。创业者应该重视客户关系的建立和维护，提供个性化的客户服务、及时解决问题、回馈客户反馈等，增强与客户之间的互信和合作。创业者应该与外部利益相关者保持开放和透明的沟通。及时回复合作伙伴、投资者和媒体的咨询和反馈，分享企业的发展动态和信息，并解答外界对企业的疑问。通过积极沟通，建立理解和信任，为企业塑造良好的外部人际关系。

创业者要注重树立企业的形象。一般而言，人们是从创业者的自身形象来看待企业形象的，因而创业者要注重自身形象，注意平时着装整齐干净，大方得体，稳重，切忌轻浮、言多。此外，创业者要善于协调公司内部人际关系，激励员工士气，组织和培训他们去实现企业目标。同时，创业者要努力建立能够促进公司业务发展的社会关系网，尤其是要设法开拓和社会上有影响力的机构及个人的良好关系，为企业今后的战略发展铺平道路。

2. 战略决策者

创业者要善于审时度势，策划企业战略，决定企业的经营目标和范围，以及如何着手去完成具体项目。创业者还要善于调整企业有限的资源，决定怎样筹集人员、资金、技术设备，以及怎样把它们按企业的既定目标具体落实到各项业务中去。创业者还要负责企业重要的谈判，签订重要的合同，拍板决定新项目的成立及推进。

3. 沟通者

创业者有搜集和整理信息并向企业各个层面及时传达的义务，这是维护企业团结、构建优秀企业文化的重要环节。

首先，创业者应对企业环境的动态变化保持紧密关注，确保信息收集渠道畅通，如保持敏感性，培养敏锐的洞察力，关注各种环境力量（如市场趋势、竞争态势、技术进展、政策法规等）的变化，捕捉到新的机遇和挑战；积极建立和拓展自己的信息网络，与行业专家、同行业人士、投资者、顾问等建立联系，通过定期交流和互动获取来自不同领域的信息和见解，了解最新的动态变化。创业者还要随时关心企业内部的运行情况，并给出相应指示，如设立明确的目标、建立有效的管理体系、定期沟通和反馈、设置关键绩效指标、利用数据分析工具鼓励员工反馈和创新等，密切监测市场和竞争对手的动态变化，关注竞争对手的举措和战略调整，能够提供有价值的信息。

其次，基于对信息的充分把握，创业者要通过积极沟通、肯定激励的语言、明确指导和反馈、制定沟通计划及使用可视化工具等方式，体现对员工及企业未来发展的信心，并让各级员工及时接收信息，建立良好的沟通氛围，提高员工的参与度和信心，推动企业的发展和创新，让员工在工作日常中逐渐产生与企业同责任、共进退的感觉，共同为企业文化的建设作出贡献。创业者企业文化的构建过程中，应注意以下方面。

（1）鼓励企业内部人员将自己同公司联系起来，认可员工代表的企业形象，明确核心价值观，建立积极的工作氛围，重视员工发展，建立开放的沟通渠道，关注员工福利和工作环境等，培养员工对公司的认可和归属感。

（2）要求明确传达企业目标，使员工准确无误地理解企业目标、关心企业业务，适时沟通和协商，设立关联性目标，建立激励机制，提供培训和教育，树立榜样和领导力。如此一来，每一位员工都可明确自己的定位，并自发换位思考，站在企业决策者一方思考问题。

（3）确保全体员工共享经营成果，可以建立绩效奖励机制，根据员工的工作表现和贡献给予相应的奖励；定期与员工分享公司的业绩和发展情况；建立明确的晋升制度，并为员工提供晋升的机会；设立内部员工培训和发展计划，帮助员工提升职业技能和个人能力；确保工资制度公平透明，给予员工合理、公正的薪酬待遇，员工的收入直接与企业规模相关，员工福利随着企业的兴旺而完善。

（4）企业的创造者应放低姿态，随时与员工保持沟通，如定期召开团队会议，为员工提供交流和反馈的平台；建立开放和透明的沟通渠道，使员工能够随时向其提问、反馈和分享意见；定期进行个别面谈，与员工进行一对一深入对话；及时、公正地认可员工的优秀表现和贡献；营造开放、包容和尊重的工作氛围；认真听取员工的反馈和建议，并且在可能的情况下采纳合理的意见。创业者了解员工的思想，绝不意味着将员工视为"工作用具"，而是尊重他们的劳动成果，使他们真正成为创业的主体，这是营造公司内部良好环境的关键。

（5）创业者应重视自身素质修养，做到事业与修身兼顾。当然，一个人不可能在掌握所有素质之后才能创业，创业的过程也是一个自我发展完善的过程。只有创业才能使自己的创业素质得到训练和提升，才能成为一个成功的创业者。

第五章　当代大学生创业实践

本章为当代大学生创业实践。从实践的角度，对大学生创业进行了系统的阐述，分为四个小节分别是当代大学生创业能力的培养、当代大学创业项目选择新路径、当代大学生创业的基本实施程序、当代大学创业风险管理。

第一节　当代大学生创业能力的培养

一、创业能力的内涵

创业能力是一种心理活动的机能，与个性心理习惯、行为特征密不可分，具有明显的创造性和综合性，其核心在于人的智力活动。创业能力首先源于内心的意愿和决心，创业者需要有强烈的愿望去创造、改变和成功，需要内心坚定的决心去面对各种困难和挑战。所以，创业能力都是创业者类化、概括自身的经验、知识、技能后形成的，受个性的影响并发挥作用，在实践中以复杂但有规律的行为动作的形式呈现出来。创业过程伴随着许多风险和不确定性，创业者需要具备承受风险和适应变化的心理能力，需要有勇气面对风险，并愿意承担可能的失败和损失。

创业能力和其他个体素质相比有所不同，它是创业的基础，因为它直接关系创业活动的成败与效率。创业能力是一种综合能力，它由很多种要素构成，每一种要素各有自身的结构但又相互交叉、相互影响，形成一种能力体系。在这里，我们无法一一罗列展开，但通过对大学生创业成功者的分析，并结合大学生创业的特点，作者觉得对大学生创业实践活动影响最大、最直接的有两种创业能力，即专业技术能力、经营管理能力。

专业技术能力是最为基础的能力，是指创业最需要的专业知识和技术能力，它包括技能和技巧。

经营管理能力是一种对个人要求相当高的能力，它要求具备跨领域知识与综合能力、系统思维与战略规划、创新与变革管理、领导与沟通能力，以及风险识别与控制能力。这些能力的综合运用将有助于企业的持续发展和成功。

创业在某种程度上等于创业者发挥自身经济管理能力的过程。创业涉及资源的获取和配置、组织管理和团队建设，需要充足的资金支持、市场需求分析与营销策略。创业过程中伴随着各种风险和不确定性，而经济管理能力可以帮助创业者进行风险管理和决策能力的提升。经济管理能力的运用，可以帮助创业者更好地进行资源配置、资金管理、市场营销、组织管理、风险管理和决策能力等方面的工作。这些能力的运用将有助于提高创业的成功率，推动创业项目的可持续发展。

二、专业技术能力的培养

（一）专业技术能力的内涵

1. 专业技术能力的概念

专业技术能力是我们大学生创业最基础的能力，它是指掌握和运用一定的专业技术知识、专业技巧、专业能力去解决创业实践中遇到的问题的能力和本领。专业技术能力对创业者而言绝对不是一般意义上的技能或知识，而是融入创业者行为之中训练有素的专业素质或专业能力。

2. 专业技术能力的构成

专业技术能力既包含了传统的技能意义，又强调了技术在能力中的作用。因此，专业技术能力应由专业知识、专业能力和专业技术等三方面构成。

专业知识是指从事各行业和胜任岗位所需的知识结构，主要以系统的理论为主：一方面从事每一个行业需要专业知识，如化工、医药、IT、生物等；

另一方面，每一个岗位需要专业知识，如研发、财务、管理、营销、人力资源等。专业知识好比企业的血液，没有血液可流，自是死路一条。

专业能力是运用专业知识的能力，它包括决策、计划、控制、执行等能力，它好比是企业的血液循环系统，血液要靠它输送到每一个器官。

专业技术也可以理解为专业技能和技巧，包括技术操作、技术设计、技术标准、技术创新能力等侧重于实践性的能力。

（二）专业技术能力的特点

1. 创新性

专业技术能力最明显的特征就是创新性，不管是技术创新、思维创新、管理创新、流程创新还是制度创新。总之，创新性贯穿整个创业过程。

2. 专业性

一是指与学科专业相关的专业性；二是指每个岗位所需的专业能力。

3. 智能性

研发新产品、革新新技术、发明新专利等都需要有智能作为支撑。专业技术能力的智能性不仅体现在将技术和产品进行智能化和创新上，也体现在生产和经营的整个过程中。

4. 实践性

创新性和实践性是专业技术能力的左膀右臂，离了谁都是不完整的，创业活动若是离开实践，那就是纸上谈兵。能力掌握得怎么样？实践是最好的试金石。

（三）专业技术能力培养的路径

创业者不可能都是发明家和创新者，创业更不是那些有专利、有技术的同学的专利。恰恰相反，发明者大都缺乏创业的勇气和能力，需要有能力和勇气的同学推着他们创业。而新知识、新技术、新产品日新月异，层出不穷，使创业者很难作出正确的抉择。如何作出正确的选择？首先应该从培养创业者的专业技术能力入手，专业技术能力的培养有两方面：一方面当然是社会和学校对专业技术能力培养的软硬件环境的完善；另一方面是学生自身对专业知识和专业技能的学习，并进一步提高自身对这些知识的掌握和运用能力。下面我们就从这两方面分别来阐述。

1. 学校和社会的培养

要想提高教学质量，就必须充实完善教学手段。教师应对新的教学方法、教学理念等保持关注和理解，积极学习新式教学手段，来适应不断变化的创业环境和创业要求。

在当今信息化时代，物流行业也面临着信息化的挑战和机遇。物流企业需要更高效地管理和处理海量的物流信息，包括订单信息、运输信息、库存信息等。掌握物流信息管理知识和信息处理操作技能，可以使人才更好地适应信息化时代的发展需求。所以，掌握现代化、专业化的物流信息管理知识和信息技能，对于培养实用型人才来说至关重要。

学校应密切关注物流信息管理领域的最新发展动态，及时更新教学内容，确保教授的知识和技能与行业需求保持一致；提供先进的物流信息管理设备和软件，如物流信息系统、数据分析工具等，以模拟真实的工作环境，学生可在这些设备和软件上进行实际操作和练习，提高他们的信息处理操作技能。

物流信息管理是实践性很强的学科，学校可以加强实践环节的设置，如安排学生参观物流企业、实习或参与校内外实际项目等，通过实际操作和实践项目，学生可以更好地理解和应用所学知识和技能。

为了提供更好的教学条件，学校可以增设物流信息管理专业实验室，配置相关设备和软件，供学生进行实践操作和实验研究，专业实验室可以提供一个真实的物流信息管理环境，促进学生技能的培养和实践能力的提升。

专业技术能力有很强的实践性和应用性，而学校的教育资源毕竟有限，为了使学生对创业活动的过程有一定的感性认识，或者有一个模拟的创业环境，我们应该与政府部门的创业园区、孵化中心或社会上的对口企业和部门等建立多种联系，甚至签订协议，作为培养大学生专业技术能力的参观、实习和实践基地。

数据分析与案例研究：利用信息化手段，可以使用数据分析工具对真实的物流数据进行处理和分析。学生可以通过数据挖掘、统计分析等方法，深入理解和应用物流信息管理知识，并结合实际案例进行研究和解决问题。

个性化学习支持：利用信息化手段，可以根据学生的学习需求和进度，提供个性化的学习支持。例如，学校可以使用智能学习系统，根据学生的学习情况和反馈，自动调整学习内容和推荐适合的学习资源，以提高学习效果和个性化教育体验。

利用信息化手段，可以采用多媒体技术制作教学课件、视频教学资源等，以丰富多样的形式呈现教学内容；确保随时提供必备教具，配备先进的高质量教学设备（如多媒体课件、计算机、播放器等）；通过建立虚拟仿真环境，学生可以在模拟的物流信息管理系统中进行实践操作和练习。他们可以模拟处理订单、跟踪货物、优化供应链等物流操作，从而提高信息处理操作技能，并在安全的环境中体验真实工作场景。

信息化手段可以支持远程合作和实习，如在线会议、协同办公工具等，帮助学生与企业、行业专家进行远程合作和交流；学生可以通过远程实习，参与物流信息管理项目，与行业专业人士进行实时沟通，获取实践经验；校方可组织教师参加专业培训、学术讲座等，开展校际合作交流，让教师在社会学习中不断深化专业素养。

2. 学生自身的培养

我们根据英国心理学家华莱斯提出的四阶段模式来分析学生自身的专业技术能力，他认为把知识变成创造有四个过程。

（1）准备和积累阶段，即提出新的设想、收集相关资料。该阶段的心理特征是探索问题的心理状态高度集中、紧张，全神贯注地对对象进行探讨。

（2）酝酿阶段，即根据解决问题的需要，酝酿创造意识，强化创造兴趣，将活动的重点从意识层面转移到潜意识层面。

（3）灵感和顿悟阶段，该阶段心理状态是高度集中思维，认识发生飞跃，大脑对先前的疑难问题豁然开朗，产生创造性的假设方案。

（4）完善和验证阶段，将顿悟阶段的假设方案放到实践或试验中进行检查，验证其正确性。

三、经营管理能力的培养

（一）经营管理能力的内涵

经营管理能力通常指一个人或组织在经营和管理业务方面的能力和素质。它涵盖了许多方面的技能、知识和能力，用于有效地组织、规划、决策、执行和控制各种业务活动，以实现预期的目标和结果，大致包括组织能力、规划与决策能力、领导与沟通能力、运营与执行能力、监督与控制能力等。

经营管理能力被认为是一种较高层次的综合能力，因为它涉及多个方面的技能和知识，并需要将这些技能和知识综合运用于实际经营管理情境中。如组织、规划、决策、领导、沟通、执行和控制等方面的能力，横向与纵向整合能力，运筹性能力，影响力与领导力，复杂性与不确定性分析等。要培养经营管理能力，可以从了解经营管理的理论和实践、培养领导力和沟通能力、培养实践经验、持续进行自我反思和接受反馈、研究和分析实际的经营管理案例、寻求指导和学习机会、积极参与不同类型的项目和工作角色等方面入手。

（二）经营管理的特点

经营管理能力的特点主要有以下五方面。

1. 整合性

经营管理能力和各种能力之间是密切联系的有机整体，是多种能力的组合。围绕创业，将这些创业必需的专业技术能力、创新创造能力、经营管理能力、决策判断能力、沟通协调能力等整合成一个系统，才能有效地发挥作用，实现成功创业。

2. 社会性

创业不是搭空中楼阁，不管是模拟，还是实践，都离不开这个社会大环境。开店找店面、开公司找办公室、为项目找投资、为产品找销路，哪怕是模拟创业都无法离开社会这个大舞台。经营管理能力是建立在创业实体上的能力。因此，社会性是经营管理能力的基础属性。

3. 实用性

经营管理能力直接应用于创业活动，具体解决在运营和管理中出现的一系列实际问题，如投资和引资就需要谈判能力和理财能力，营销就需要人际交往能力和沟通技巧等。

4. 规范性

经营管理以各种管理规范、管理制度为基础，经营管理能力必定要遵循经营管理活动的规范才能有效地发挥作用；在经营中，这些规范又以各种形式体现在经营管理能力中，使经营管理能力成为有一定规范的能力。

5. 创新性

创新性体现在经营管理能力中，具体就是理念创新、管理创新、制度创新、组织创新四方面。理念创新是人的大脑中存在的创造性心理特征的观念形式；管理创新包括领导者能力结构创新、权力运用创新、管理方法创新、管理环境创新等；制度创新是摆脱困境，创造业绩的最有效的手段；组织创新是指实施创业目标、战略和组织结构设计需要新型的组织结构。

（三）经营管理能力培养的路径

对学校而言，可以考虑从以下四个方面来培养大学生的经营管理能力。

第一，聘请企业的创业者和高层管理人员进行综合案例教学和分析。为了使学校培养的大学生能够较快地掌握经营管理能力，适应未来并向更高层次发展，我们建议学校的创业教育应结合创业课程中经营管理能力的培养要求，邀请企业的创业者和高层管理人员进行综合案例教学。用他们的切身经验和感悟指导大学生的创业课，不仅更生动，且更具有说服力。

第二，建立大学生创业园区，为学生提供创业咨询服务和资金资助。学校培养专门从事创业教育研究与实践探讨的教师，甚至有专门的创业培训机构，如北航的创业管理培训学院，同时还设立了 300 万元的创业基金，对学生的创业计划经评估后进行种子期的融资。

第三，开展大学生创业大赛、创业论坛等活动，培养大学生的创业兴趣。一方面激发大学生的创业热情和创业兴趣，切实培养大学生的创业精神与市场经济思维；另一方面在实践中评估和锻炼学生的经营管理能力。

第四，现代经营管理能力的培养应积极吸收国内教育界广泛探讨与倡导的启发式教学、讨论式教学等新方法，还应大胆引入国外职业教育界已广泛采取的"小组工作法""行为导向法"和"案例教学法"等专业课程的教学方法，改变目前单一僵化的教学及考核方式。

学生还可以从以下四个方面来培养和提高自己的经营管理能力。

首先，多参加各种社会实践活动，把握实践机会，使自己的经营管理能力得到检验，并获得进一步提高。这些实践机会往往是学校无法提供的，参加社会上的实践活动对大学生的经营管理能力，甚至是综合素质的提高都有极大的促进作用。其次，大学生应结合自己的专业特点，创造和把握各种社会实习和模拟创业活动。如参加各种创业论坛和创业大赛就是很好的模拟创业的过程，在这过程中，锻炼并检验自己的经营管理能力，有的放矢地提高自己的能力。目前，清华大学、海南大学、南京航空航天大学、同济大学、武汉大学、厦门大学等 100 多所院校已经建立了创业者协会，不仅如此，这种创业者协会还进行了横向扩展和纵向延伸，已经发展了青年创业者学会、中关村创业者学会等众多的创业协会组织。再次，关注国际、国内经营管理的新理论和新动向，积极汲取最新的管理理论的精华，学以致用，提高自己的经营管理能力，增强经营管理的运用能力。最后，做一个成功企业人士的助手或学徒，或与他深度沟通，向他学习，这能帮助学生提高经营管理能力，很多人最后的成功都是取决于自己的努力和百折不挠的坚持。

四、创业能力的评估

对大学生而言，不是到底有没有创业能力的问题，而是了解自己的创业水平如何，自己的创业方向在哪儿的问题。重要的是，该如何发现自己的优势，如何发挥最大的创业能力作用，提高自己的创业能力整体水平。所谓"知己知彼，百战不殆"，大学生创业者可能现在迫不及待地想评估一下自己的创新创业能力，看看自己的能力到底如何？能不能有的放矢地提高？该怎么评估？创业能力的评估应分成创业团队的能力评估和创业者本身的能力评估，下面我们分别来了解。

（一）创业团队的创业能力评估

大学生创业，单打独斗的很少，往往是几个志同道合的同学和朋友组成一个团队，因而团队是成功创业的关键。一支理念一致、能力互补、能征善战的创业团队来创业将会无往而不利。因此，对团队的创业能力进行评估意义非凡，我们可以从以下五个方面去评估一个创业团队是否具有竞争力。

1. 评估团队各成员人格特质

首先要了解团队每个成员的长处和短处，即有什么优势和劣势；其次要了解成员在创业中能承受的压力程度、能承担的风险程度等。其中乐观、积极的人格特质，对初创企业尤为重要。

2. 评估团队各成员的人际协调能力

卡耐基认为成功有85%是来自人际关系的成功。团队成员能否进行有效沟通，相互之间关系是否协调，能否与客户积极沟通等，对创业团队的经营绩效有很大影响。

3. 评估管理机制

创业团队能否运用创新的管理理念，围绕清晰的创业目标，科学分析创业过程，建立长效的管理机制，对创业有重大影响。

4. 评估激励机制

管理的最终目标是调动各层次员工的积极性。因而，激发员工的潜力，努力形成团队的凝聚力是解决人力资源开发问题的关键。

5. 评估企业文化精神

每个企业真正的核心竞争力都在于企业文化内凝聚的企业精神。文化是集体智慧的结晶，虽然塑造企业文化是管理的一大难题，但是塑造与传播核心价值观只能依赖文化建设来实现。创业者要善于把握核心价值观与附属价值观之间的关系，不断以创新精神塑造企业文化，使每一个企业高级经营管理人员了解、掌握、运用企业文化的力量，并以此驾驭企业。

（二）对大学生创业能力的评估

创业之路并非坦途，创业是一场持久战、耐力战，存在很大的风险。"知人者智，自知者明"。因此，创业者只有在充分考虑自身条件和能力之后，才能科学地作出选择项目的决定。那么，初次创业者该怎样对自己的创业能力进行评估呢？对大学生创业能力的评估大致有 360°评估、自我评估等方法。

1. 360°评估

360°评估是指由学生本人、老师、家长、朋友、同学等多角度评断个人的创业能力，涉及个人素质（如沟通能力、筹划能力、组织能力）等。这种评估根据个人的感性和理性认识，形成对个人能力类型和水平的判断。这种判断建立在个人的主观经验之上，有可能具有主观性且准确性不一定很高。但是，这种理想的能力评估等于多角度的反馈，可以帮助受评价者更客观地了解自己的优势和劣势，为未来的发展计划提供清楚的借鉴。

学生自我评估可以帮助被评估者更好地认识自己，了解自己的优势和劣势，反思自己的学习进展、技能水平和目标达成情况，从而制定更有效的学习计划和个人发展目标。自我评估还能培养学生的自我意识和自我管理能力，提高学习动力。

老师是学生学习和教育过程中的重要指导者和评估者。老师的评估可以帮助学生了解自己在知识、技能和表现方面的实际水平，并提供针对性的反馈和建议。通过老师的评估，学生可以更好地了解自己所面临的挑战和改进的方向，促进学习的个性化和差异化发展。

家长是学生成长和发展的重要支持者和监督者，家长的评估可以帮助他们了解孩子在学习和生活中的表现和进展情况。家长可以通过评估了解孩子的学习兴趣、学习能力和学习需求，从而更好地提供相应的支持和指导。家长的评估还有助于家校合作，共同促进学生的全面发展。

朋友和同学的评估可以提供同伴间的互助和反馈，他们能够从不同角度观察和评价被评估者的学习和行为表现，并提供诚实的意见和建议。朋友和同学的评估有助于培养学生的合作意识和团队精神，促进彼此之间的学习互助和成长。

能力发展绝非一蹴而就的过程，个体需要在不断实践、不断总结经验教训的尝试中才能进步。因此，在完成360°能力评估之后，我们还可以与评估者一起探讨自己能力发展的长期计划，帮助我们进一步提高自己的创业能力。360°评估的关键并非评估的主体或评估内容本身，而是它能够促进个人能力的开发。自我、同学、教师、家长等角度的评估并非仅仅是对学生进行评估，更重要的是在评估的过程中，促进学生自我认知、同伴互助、专业指导和家庭支持的能力开发。通过多角度观点和评价，学生可以提高自我认知水平，全面了解自己的优势和不足，汲取他人的经验与支持，对个人优势和短板有更清醒的认识，制定个性化的学习计划和目标，从而达到能力的全面提升和成长。如果360°评估能与个人发展计划有机结合，这种效果会更明显。

2. 自我评估

在一些创业咨询中，同学常会问这样的问题："老师，我想加盟代理一个产品，不知道行不行？""我想在学校开一个专为考试服务的书店，不知道好不好？""我们研发了一个新技术，想几个同学自己开科技公司，不知道风险大不大？"遇到这些问题，需要反问一下自己：自己的优势是什么？知道自己具备什么能力吗？对于这些问题，多数人显得很茫然，不知道自己到底有哪方面的优势，创业能力到底如何。从来没有认真对自己进行过分析和评估，也不知道该怎么去分析。我们应该从以下知识、能力等因素方面来进行自我评估：

知识不是简单的内容积累，而是人的认知中一种体现层次性、系统性的结构体系，来自个人长时间的认知、实践、积累。知识因素不仅包括知识本身，还包括能力倾向、实践经验等。在考核个人的工作绩效时，知识是一个非常重要的因素，因为它本质上是工作的基础：在现代社会中，各行各业都离不开专业知识和技能。无论从事哪个领域的工作，都需要具备相关的知识背景和技术能力。只有具备必要的知识，才能够理解并掌握工作的核心内容，从而更好地应对各种工作挑战。信息社会发展迅速，各行各业都在不断变化和创新。持续学习和不断更新知识是应对变化的重要手段。通过不断学习，了解行业趋势、新技术和最佳实践，工作人员可以不断提升自己的知识水平，适应工作环境的变化，并在工作中取得更好的绩效。

知识考查应重点审视一个人的知识储量和知识结构合理与否，即一个人是否掌握了足够的知识领域，是否具备广泛的知识面；所掌握的知识之间是否有良好的组织和联系。知识容量的大小可以反映一个人的学习能力和知识积累情况，知识结构应该有条理、有层次，并且各个领域之间有相互关联和相互支持的逻辑。通过综合考察知识的容量和结构合理性，可以更全面地了解一个人的知识水平。单纯追求知识的广度而忽视其结构合理性可能导致知识的碎片化和无法有机地运用知识。而只注重知识的结构合理性而忽视其容量可能使知识面狭窄，缺乏综合运用的能力。

许多人对"认知能力的发展"这一概念存在认知误区，它并不等于个体在某专业领域积累的知识程度，而是对这些知识的实际运用。认知能力是指一个人处理信息、思考问题、解决难题的能力，其培养是建立在基础才能的基础上的，如语言理解和表达能力、逻辑思维能力、问题分析和解决能力等。这些基础才能的具备是认知能力发展的前提，它们可以跨越不同领域，为个体在各个领域的学习和工作提供支持。专业知识只是认知能力的一种工具，它们为个体在特定领域的学习和工作提供便利。虽然掌握一定的专业知识对于从事相关职业和领域至关重要，但单纯拥有大量的专业知识并不意味着具备良好的认知能力。相反，如果缺乏基础才能的支持，即使拥有大量的专业知识，也可能无法有效地处理和应用。

实践经验是指从亲身参加活动或者直接观察活动中得到的知识、技巧和行为方式。实践经验与工作绩效之间也存在较高的相关性。

能力与智力、知识之间互为联系，但并不等同。一个人的智力水平高，将有助于尽快地接受和掌握知识；反过来知识的不断积累，又有利于能力和智力水平的提高。但是智力的提高与知识的积累并不成比例。大多数人认为智力因素是选择人才的必要条件。不过也有研究表明，当智力达到中等水平以后，它与工作绩效的相关甚微，能力与绩效曲线表明，一般而言，能力越强绩效越好，但能力超过岗位所需的能力太多时，绩效反而下降。尤其是在操作类人员中，高智力有时反而导致低绩效。比如，让一个研究生去干打字员的工作，那他可能还不如一个大专生干得好。因而要辩证地看待能力、知识和智力的关系。

第二节　当代大学创业项目选择新路径

创新是创业的前提和基础，没有创新性的项目在市场上就缺乏竞争力，也很容易失败。随着社会经济的快速发展，很多问题用过去的经验和技术很难解决，唯有创新、创造性地解决问题，才能推动经济和社会的进步。因此，国家提倡"大众创业、万众创新"，鼓励每个人参与创新。创新是人人可以参与、可以实践的。具有良好的创新能力，也就是具备分析和解决新问题的能力，这样的人才是社会和企业需要的优秀人才。因此，大学生要广泛参与创新活动，争做创新项目，不断提升自己的创新意识和能力，增强自身的核心竞争力，为未来的职业生涯打下坚实的基础。大学生在校学习期间可以从创业训练计划、创业竞赛项目和产教融合项目三条路径去学习和提升自己，寻找适合自己的创业项目。

一、积极参加大学生创新创业训练计划

大学生创新创业训练计划，是国家以提高大学生创新创业能力为目标，以培养高水平创新人才满足国家建设需要为宗旨的一个实践项目。它也是在全国高校中具有重大影响力的创新创业训练项目。它作为一个供学生发展成长的平台，不仅能帮助学生培养自身的实验技能，提高学生的科技创新能力，还为国家实现创新型国家提供源源不断的人才储备，输送具有一定创新创业的素质和能力的人才。

大学生创新创业训练计划一般分为国家级、省级和校级三个层次，内容包括创新训练、创业训练和创业实践项目三类。创新训练项目是在导师指导下，学生组建团队，自主开展创新性项目研究设计、项目计划与组织实施、撰写报告、提交研究成果与对外交流等活动。创业训练项目是在导师指导下，学生团队开展创业计划书撰写、开展可行性研究、模拟企业经营、参与项目运作实践，撰写研究报告等活动。创业实践项目是在校内外导师的共同指导下，采用前期的创新创业训练项目的成果，创办企业，开展创业实践活动。

大学生创新创业训练计划主要以创新训练和创业训练为主，创业实践项目占的比重非常小。该计划鼓励学生跨学科、跨专业、跨年级组队申报，原则上每个团队不超过 5 人，主要负责人即项目申请者要求品学兼优，对创新创业有浓厚的兴趣，具有创新精神、责任意识、组织与协调能力、领导能力，团队成员要求具有较强的创新意识、合作精神与研究能力。要求指导教师具有中级以上（含中级）职称或者博士学位，每次指导项目不超过两项，每个项目指导老师不超过两人。创新训练和创业训练项目执行时间为 1～2 年，创业实践项目执行时间不超过两年，原则上各项目负责人毕业前完成结题答辩。

大学生创新创业训练计划已经变得常态化、制度化，项目具有可持续参与性。在时间跨度上，大学生可以从大一到大三或大四全程参与，贯穿整个大学生涯，这是大学生在校期间参与创新创业活动的重要载体和形式。该项

目与专业有较强的联系，一般从专业领域寻找需要解决的问题，发现创新点。通过项目研究，可以更加深入地学习本专业的知识，提升应用专业知识解决行业现存问题的能力，激发学生对专业的学习热情。许多有价值的项目都是从项目计划起步的，经过3～4年的项目接力，最后参加竞赛获奖，或者申请专利，或者创办企业。因此，高校要高度重视大学生创新创业训练计划，激发学生积极参与创新创业的热情，让大学生找到创新创业的兴趣点。

二、积极参加大学生创新创业竞赛项目

（一）学科竞赛

学科竞赛是指在紧密结合课堂教学的基础上，以竞赛的方法，激发学生理论联系实际和独立探索的热情，通过发现问题、分析问题、解决问题的过程，培养学生学习兴趣，增强学生学习自信心的系列化活动。

大学生参加学科竞赛，有利于激发学生的创造性，促使大学生主动用所学的理论知识解决行业前瞻性问题，提升大学生动手操作能力，培养大学生创新能力及团队合作意识，造就更多的创新型、实用型、复合型人才。

（二）中国国际"互联网+"大学生创新创业大赛

中国国际"互联网+"大学生创新创业大赛的赛事承办方由教育部、各级政府、各高校，三方联合承办，主要目标为实现高等教育的深化改革，激发学生的想象力和创造力，鼓励大学生进入创新创业领域挖掘自身潜能，实现人生梦想的同时也为社会打造一批优质的创业主力军；推动赛事成果转化与产学研用紧密结合，促进"互联网+"新业态的形成。中国"互联网+"大学生创新创业大赛从第六届开始提升了规模层次，增加了国际项目，现在已经是全球性赛事。2021年，第七届中国国际"互联网+"大学生创新创业大赛，面向世界大学生，是全球影响最大的大学生双创大会。

该赛事不仅仅是创新创业项目竞赛，它把"党史教育、思政教育、创新

创业、乡村振兴、红色筑梦"融为一体，是生动的创新创业教育课堂。同时该赛事也是我国深化创新创业改革的重要载体和平台，在多个领域实现成果转化，校企合作实现产学研互动，优质资源共享，促进教育链、人才链、产业链、创新链的有机衔接，实现教育和经济产业的融合发展，以创新引领创业、以创业带动就业。

该赛事主办单位级别高、参赛学生人数多、创新创业项目质量好，对大学生成长成才和高校人才培养意义重大，影响深远。该赛事的目的和意义主要有：一是以赛促学，培养创新创业生力军。大赛能够激发大学生的创造力，激励广大青年扎根中国大地，了解国情民情，锤炼大学生的意志品质，开阔大学生的国际视野，在创新创业中增长大学生的智慧才干，让大学生把激昂的青春梦融入伟大的中国梦，努力成长为德才兼备的有为人才。二是以赛促教，探索素质教育新途径。以赛事为媒，实现人才培养目标改革；促进素质教育全面推行；做好引导工作，使高校的人才培养以国家战略和区域发展战略为纲；提高学生的创新精神和创新创业能力。推动人才培养范式变革，确立与时代发展需要相适应的新的教育观、人才观和质量观。三是以赛促创，构建成果转化新平台。对于赛事的优秀项目，推动产学研用体系的建立，实现成果转化，服务经济高质量发展，努力形成高校毕业生更高质量创业就业的新局面。

该赛事虽然采取"互联网+"的形式，但实际上囊括了很多项目，其中高教竞赛道、青年红色筑梦之旅赛道主要有五大类：（1）"互联网+"现代农业，包括农林牧渔等；（2）"互联网+"制造业，包括智能硬件、先进制造、工业自动化、生物医药、节能环保、新材料、军工等；（3）"互联网+"信息技术服务，包括人工智能技术、物联网技术、网络空间安全技术、大数据、云计算、工具软件、社交网络、媒体门户、企业服务、下一代通信技术、区块链等；（4）"互联网+"文化创意服务，包括广播影视、设计服务、文化艺术、旅游休闲、艺术品交易、广告会展、动漫娱乐、体育竞技等；（5）"互联网+"社会服务，包括电子商务、消费生活、金融、财经法务、房产家居、高效物流、教育培训、医疗健康、交通、人力资源服务等。

中国国际"互联网+"大学生创新创业大赛已经成为全国含金量最高的赛事。高校、地方教育行政部门都非常重视，高校师生参与大赛的积极性很高，投入的精力和时间也较多。为了在大赛中取得佳绩，高校积极整合资源，师生全力以赴。大赛开展以来，已经在技术创新、团队组建、市场化推广、人才培养等方面都取得了实质性的成果，基本实现了以赛促学、以赛促教、以赛促改的大赛目标。为了更进一步激励广大学生参赛，各地政府出台了一系列政策。例如，为大赛中获奖的团队成员在就业、考研、评优评先等方面提供加分优惠或优先推荐。

（三）"创青春"全国大学生创业大赛

为适应大学生创业发展形势，在原有"挑战杯"中国大学生创业计划竞赛的基础上，共青团中央、教育部、人力资源和社会保障部、中国科协、全国学联决定，自 2014 年起共同组织开展"创青春"全国大学生创业大赛，每两年举办一次。以此带动大学生将创业梦与中国梦有机结合，打造深入持久开展"我的中国梦"主题教育实践活动的有效载体；将激发创业与促进就业有机结合，打造整合资源服务大学生创业就业的工作体系和特色阵地；将创业引导与立德树人有机结合，打造增强大学生社会责任感、创新精神、实践能力的有形工作平台。

该大赛下设三项主体赛事：大学生创业计划竞赛、创业实践挑战赛、公益创业赛。大学生创业计划竞赛面向高等学校在校学生，以商业计划书、现场答辩等作为参赛项目的主要评价内容。创业实践挑战赛面向高等学校在校学生或毕业未满 5 年的高校毕业生，且已投入实际创业 3 个月以上，以经营状况、发展前景等作为参赛项目的主要评价内容。公益创业赛面向高等学校在校学生，以创办非营利社会组织的计划和实践等作为参赛项目的主要评价内容。以上五项主体赛事需通过组织省级预赛或评审后进行选拔报送。大赛还设立 MBA、移动互联网创业等专项竞赛。

三、积极参加校企产教融合项目

2021 年 4 月 13 日，全国职业教育大会落下帷幕，会议指出，职业教育将更加注重培养实践能力，要求职业教育把产教融合、工学结合作为办学基本模式，改革教学方法，建好用好各类实训基地，让学生在实际劳动中增长才智、提升技能。产教融合不仅是职业教育的要求，普通高校也开始重视产教融合教育工作。

以前高校强调校企合作培养人才，现在提出要产教融合培养应用型、技能型人才，这两者有什么区别？从概念上看，校企合作是学校为了实现人才培养目标，寻求与企业联合办学的教育策略。企业建立学生实习实训基地，开展学生实习、就业或者企业职工教育培训等。校企合作一般是从学校到企业的单向过程，具有暂时性和易变性特点。而产教融合是在校企合作的基础上，学校对接产业发展，以系统培养技术技能为基础，强化实践教育，实现合作育人。产教融合是校企双向互动与整合的过程，具有较高的互通性和稳定性，是校企合作的高级阶段。从主体参与程度上看，校企合作方式是学校从自身需要出发成为合作的主动发起方，企业常常是被动的合作方。而产教融合方式是校企合作深度交融，校企双方都是合作主导者，是发展的共同体。从教学过程上看，校企合作的方式一般是"订单培养""合作办班""定向培训""企业冠名班"等，学校对接的常常是某个企业，其教学内容和教学标准也主要以企业的要求为准。而产教融合方式是学校教学采用产业和行业标准，实习、实训强调在真实的工作环境中实干真做，共建教学内容，成绩按照企业标准进行考评。

只有到工作的第一线、生产的第一线，才能真正了解社会，了解职场环境，了解理论如何应用。因此，大学生要积极参与校企产教融合项目，在真实工作中学到真本领，主动发现工作中的问题，包括技术、流程、制度、规范等问题，主动思考，大胆创新，活学活用专业理论知识，开展调查研究，提高解决实际问题的能力和本领，成为能够快速适应陌生环境，给企业带来成果的创新型人才。

第三节　当代大学生创业的基本实施程序

一、选择创业类型

个人企业、合伙企业、有限公司？究竟哪个更适合自己呢？

创业者要把握好初始决策，即企业采用何种法律形式。这为未来公司发展道路奠定基础，初始决策重要，但并非不可更改，企业的法律形式根据公司运作的实际情况，可以做出相应调整。

以财产组织形式和法律形式可以将企业分为三种类型，即独资企业、合伙企业和公司。但随着时代的进步，经济的发展，企业的组织形式不再局限在固定的条条框框里，呈现出多元化的特点。

（一）个人独资企业

个人独资企业是指个人出资经营、归个人所用和控制、由个人承担经营风险和享有全部经营收益的企业。独资企业投资者对企业债务负无限责任。

个人独资企业在法律规定上应当满足五个设立条件。

（1）投资人为一个自然人。

（2）有合法的企业名称。

（3）有投资人申报的出资。

（4）有固定的生产经营场所和必要的生产经营条件。

（5）有必要的从业人员。

（二）合伙企业

合伙企业是指由各合伙人订立合伙协议，共同出资，共同经营，共享收益，共担风险，并对企业债务承担无限连带责任的营利性组织。合伙企业分为普通合伙企业和有限合伙企业。

合伙企业在法律规定上应当满足五个设立条件。

（1）有两个以上的合伙人。合伙人为自然人的，应当具有完全民事行为能力。

（2）有书面合伙协议。

（3）有合伙人认缴或者实际缴付的出资。

（4）有合伙企业的名称和生产经营场所。

（5）法律、行政法规规定的其他条件。

法律法规对合伙企业的合伙人有一定的条件限制，例如，国家公务员以及机关、医院、学校、部队等机构的人员禁止从事营利性活动。

合伙人可以用货币、实物、知识产权、土地使用权或者其他财产权利出资，也可以用劳务出资。合伙人以实物、知识产权、土地使用权或者其他财产权利出资，需要评估作价的，可以由全体合伙人协商确定，也可以由全体合伙人委托法定评估机构评估。

合伙协议就是设立合伙组织必备的法律文件，是明确合伙人各项权利和义务的基础性法律文件，同时也是设立合伙组织必须上报主管部门的必备法律文件。合伙协议要想取得法律的确认和保护，就必须具备以下条件。

（1）合伙协议的当事人具有订立合伙协议的民事行为能力。

（2）合伙协议的意思表示必须真实。

（3）合伙协议不违反社会公共利益。

（三）公司

《中华人民共和国公司法》（以下简称《公司法》）第二条规定："公司是指依照本法在中国境内设立的有限责任公司和股份有限公司。"第三条规定："公司是企业法人，有独立的法人财产，享有法人财产权，公司以其全部资产对公司的债务承担责任。"

公司是适应市场经济社会化大生产的需要而形成的一种企业组织形式。

有限责任公司是指公司全体股东对公司债务仅以各自的出资额为限承担责任的公司。股份有限公司是指公司资本划分为等额股份，全体股东仅以各自持有的股份额为限对公司债务承担责任的公司。

公司依法承担和享有民事责任和民事权利，公司股东享有公司法及相关法律法规赋予的资产收益、参与重大决策和选择管理者等权利。

1. 有限责任公司的设立条件

有限责任公司是我国企业实行公司制最重要的一种组织形式。我国《公司法》规定，有限责任公司由 1 个以上 50 个以下股东共同出资设立。成立条件为：到工商局做名称预先核准；租赁公司办公地址；到工商局的指定银行办理入资手续，打入注册资金；入资后到会计师事务所出具验资报告；向工商局提供企业设立申请表；工商局受理后一周内领取营业执照；拿到营业执照后到技术监督局办理组织机构代码证书；办齐上述手续后到辖区税务局办理税务登记。

2. 股份有限公司的设立条件

《公司法》第七十八条规定："设立股份有限公司，应当有二人以上二百人以下为发起人，其中须有半数以上的发起人在中国境内有住所。"

《公司法》第八十条规定："股份有限公司采取发起设立方式设立的，注册资本为在公司登记机关登记的全体发起人认购的股本总额。"

各种企业类型的优缺点，如表 5-3-1 所示。

表 5-3-1　各种企业类型优缺点

企业形式	优点	缺点
个人独资企业	企业设立、转让和解散等行为手续非常方便，仅需向机关登记即可； 企业主独资经营，制约因素较少，经营方式灵活，能迅速应对市场变化； 利润归企业主所有，不需要与其他人进行分享； 在技术和经营方面易于保密，利于保护其在市场中的竞争地位； 如果企业主因个人努力而使企业获得成功，则可以满足个人的成就感。	当个人独资企业的财产不足以清偿债务时，企业主将依法承担无限责任，必须以其个人的其他财产予以清偿，因此经营风险较大； 一般来说，个人独资企业受信用限制，不易从外部获得资金，如果企业主资本有限或者经营能力不强，则企业的经营规模难以扩大； 一旦企业主发生意外事故或者犯罪、转业、破产，个人独资企业也将随之不复存在

续表

企业形式	优点	缺点
合伙企业	由于出资人较多，扩大了资本来源和企业信用能力； 由于合伙人具有不同的专业和经验，能够发挥团队作用，增强了企业的管理能力； 资本实力和管理能力的提高，增强了企业扩大经营规模的可能性。	在合伙企业存续期，如果某一个合伙人有意向合伙人以外的人转让其在合伙企业中的全部或部分财产时，必须经过其他合伙人的一致同意； 当合伙企业以其财产清偿合伙企业债务时，其不足部分由各合伙人用其在合伙企业出资以外的个人财产承担无限连带清偿责任； 尽管合伙企业的资本来源以及信用能力比个人独资企业有所增加，但其融资能力仍然有限，不易充分满足企业进一步扩大生产规模的资本需要。
公司	公司股东只对公司承担有限责任，与个人的其他财产无关，因而股东的风险不大，而且股份有限公司的股东还可以自由转让股票而转移风险； 通过公开发行股票，提高了公司的社会声望，因而融资能力很强； 公司具有独立存续时间，除非因经营不善导致破产或停业，不会因个别股东或高层管理人员的意外或离职而消失； 个人独资企业和合伙企业相比，公司的所有权与经营管理权分离，可以聘任专职的经理人员管理公司，因而管理水平高，能够适应竞争激烈的市场环境。	公司的设立程序比较复杂，创办费用高； 按照相关法律要求，股份有限公司需要定期披露经营信息，公开财务数据，容易造成商业机密外泄； 由于公司是从社会吸纳资金，为了保护利益相关者，政府对公司的限制较多，法律法规的要求也较为严格。

二、筹集创业资金

创业者面临许多问题，资金问题就是其一。关于创业融资，以什么方式融资、何时能得到资金支持、融资渠道如何获得等，这些都是创业者广泛关注的问题。

（一）融资与融资渠道

1. 融资

融资即资金融通，有广义和狭义之分。广义融资指资金持有者之间流动、以余补缺的一种经济行为，它是资金双向互动的过程，不仅包括资金的融入，还包括资金的融出，即不仅包括资金的来源，还包括资金的运用。狭义"融资"指资金的融入，即资金来源。具体指企业从自身生产经营及资金运用情况出发，根据未来经营发展的需要，通过科学预测和决策，采用一定的渠道和方式，利用企业内部积累或向企业投资者及债权人筹集资金，保证企业经济发展需要的一种经济行为。它既包括不同资金持有者之间的供应，也包括某一经济主体通过一定方式在企业内部进行的资金融通，即企业自我组织与自我调剂资金的活动。资金是一种稀缺资源，中小企业融资的实质就是对资金的配置过程。

2. 融资渠道

融资渠道是指资金来源的方向与通路，体现了资金的源泉和流量。认识融资渠道的种类及每种渠道的特点，有利于企业充分开拓和正确利用融资渠道。总体而言，企业筹集资金的渠道有以下六种。

（1）国家财政资金。国家对企业的投资历来是国有企业包括国有独资公司的主要资金来源，现有国有企业的资金来源大部分是过去由国家以拨款方式投资形成的。

（2）银行信贷资金。银行对企业的各种贷款是各类企业重要的资金来源。银行一般分为商业性银行和政策性银行，前者为各类企业提供商业性贷款，后者主要为特定企业提供政策性贷款。银行信贷资金有居民储蓄、单位存款等经常性资金源泉，贷款方式多种多样，可以满足各类企业的多种资金需要。

（3）非银行金融机构资金。非银行金融机构主要有信托投资公司、租赁公司、保险公司、证券公司、企业集团财务公司等。它们有的承销证券，有的融资融物，有的为了一定的目的集聚资金，可以为一些企业直接提供部分资金或为企业融资提供服务。这种融资渠道的财力比银行要小，但具有广阔的发展前景。

（4）其他企业资金。企业在生产经营过程中，往往会形成部分暂时闲置的资金，同时为了一定的目的也需要相互投资，这也为融资企业提供了资金来源。

（5）民间资金。企业职工和城乡居民的节余货币，可以对企业进行投资，形成民间资金渠道，为企业所利用。

（6）企业自留资金。企业内部形成的资金，主要是计提折旧、提取公积金和未分配利润而形成的资金，这是企业的"自动化"融资渠道。

（二）评估筹资渠道的指标

针对筹资渠道的评估指标，主要有以下五点。

1. 成本与收益

通过筹资渠道来筹集资金，不同的筹资渠道有不同的优势。评估筹资渠道不仅仅是看企业增加的支出，也看它对企业当前所有者的收入可能产生的影响。例如，一家企业需要筹集 10 000 元资金，面临两种选择：一是按照 10% 的年利率贷款；二是卖出 25% 的股份来筹集资金。第一种情况的结果就是每年需支付 1 000 元的利息，即税前利润减少 1 000 元。假设原来利润是 20 000 元，则支付利息后减少为 19 000 元。第二种情况的结果是由于不需要支付利息，所以利润是 20 000 元。其中，15 000 元归当前所有者所有，5 000 元归分出去的股份持股人所有。因此，可得知股权融资情况下利润较高，但归当前所有者所有的较少。

不同的筹资渠道，都要承担相应的成本。当创业者筹集创业资金，做融资决策的时候，则要严谨的论证成本，选择最合适的融资方式。

2. 风险

筹集资金有收益自然也会有风险，因此，风险大小也是影响创业者做融资决策选择融资渠道的重要因素。不能及时支付货款，不仅不好对供货商交代，也会影响自身的信誉。贷款融资则要注意及时履行还债义务，没能在限定的时间内及时偿还，也会有一系列不良后果。股权资金相对于创业经营者来说，风险则小了许多，因为是股权投资者承担相应的资金风险。

3. 灵活性

筹资渠道也会影响企业日后再融资和筹得资金的使用的灵活性。筹集资金的目的是提供企业运转资金，实现盈利，但对盈利过分追求就会使企业扩大赊购规模或购置存货时过于精打细算，反而容易与盈利机会失之交臂。并且赊购作为筹资来源会使企业陷入对相应配合的供应商的依赖，也无法享受供应商的优惠促销手段。

4. 控制

通过筹资渠道筹得资金供给企业运转，是否影响当前所有者对企业的控制权也是评估筹资渠道的指标。通常情况下，内部融资、借款和使用商业信用不会影响企业所有者对企业的控制，贷款机构或人也不会干预企业事务。股权投资人通常有资格在一定程度上控制企业营运。

5. 可获得性

渠道资金可获得性的难易程度也是参考因素。一般情况下，企业在融资时受到一定限制是由于缺乏有效的资金来源。有很多融资渠道具有表面迷惑性，实际上很难真正通过该融资渠道实现融资。

总之，在筹资时，必须做好对成本、风险、灵活性、控制权和可获得性评估的工作。至于哪种因素优先级高，则要在具体实践中具体分析。

（三）股权融资与债权融资

按大类来分，企业的融资方式有两类：股权融资和债权融资。所谓股权融资，是指企业的股东愿意让出部分企业所有权，通过企业增资的方式引进新的股东的融资方式。债权融资是指企业通过借钱的方式进行融资，债权融资所获得的资金，企业首先要承担资金的利息，另外在借款到期后要向债权人偿还资金的本金。

（四）创业贷款

创业贷款是指具有一定生产经营能力或从事生产经营的个人，因创业或再创业提出资金需求申请，经银行、典当行等认可有效担保后发放的一种专项贷款。由于目前就业形势比较严峻，很多大学毕业生转而走上创业之路，那么如何解决创业资金的难题呢？除了向父母寻求帮助外，向一些金融机构贷款也是一个较为可行的方法。

1. 银行抵押贷款

许多大学生在毕业后选择自主创业，多多少少都会得到家里的支持，父母为孩子提供创业初始资金，支持其事业发展。但也有一些性格独立的大学生受外因或内因影响，不希望家里提供流动资金影响家庭生活。这种情况下，可以选择房产抵押贷款。这种做法一方面，免于家庭成员承担经济压力，另一方面，也迫使贷款人化压力为动力，更加用心经营创业项目。

很多商业银行为了规避贷款风险，会根据客户的身份信息、职业经历、婚姻状况、财产情况等对有贷款需求的客户做出信用等级评估，这也是迫使年纪尚小、信用档案不齐全的大学生采取房屋抵押贷款的因素之一。因此，毕业生创业可以选择使用家庭房产、存单、有价证券或保单等办理抵押或质押贷款。但需要说明的是，当前银行在此类贷款发放上是非常谨慎的，需要提供抵押物如房产、商铺等。银行在批准抵押贷款的审批周期相对较长，流程方面相对较为烦琐。

2. 典当贷款

在创业贷款方面，如遇紧急情况，想要规避复杂的办理手续流程，典当贷款也是一个选择。相对于银行抵押贷款，典当贷款有更快的办理速度，当然也有一定劣势，即贷款规模小，成本高。典当贷款也不同于银行贷款要求考察贷款用户的信用等级，他对客户的信用要求几乎为零，省去复杂程序过程。而且典当贷款不同于银行贷款有一定的使用范围的要求，典当贷款不受约束相对更自由。

不过相对于银行贷款来说，典当的利息要高得多。对一些刚开始创业的人来说无疑是沉重的负担。因此除非很紧急的情况或者是较短期的资金需求，否则最好不要通过这种方式贷款。

凡事有利也有弊，典当贷款相对于银行贷款会使贷款用户承受更高的利息。这对刚开始准备创业的人来说，无疑不是一种负担。因此，除非紧急情况或短期需求驱动，综合考虑成本情况下，最好不要轻易采取典当贷款。

3. 无抵押贷款

无抵押贷款对于大学生创业者来说，也是获取创业资金的渠道。它是不以具体某项资产作为担保的借款负债形式，即不用借款人或第三方依法提供担保而发放的贷款，这种贷款方式只适用于已经办理登记的个体商户户或小企业。

对于大学生创业者来说，要想使用无抵押贷款，可以先以较低的初始资金进行工商注册，以具有稳定收入的亲戚好友作担保，向邮储银行申请小额贷款。一般邮储银行小额贷款的发贷额度在 1 000 元到 10 万元之间，适合创业者参与低成本的创业项目，发放速度也相对较快，但利率一般稍高于有抵押贷款。大学生创业者可根据个人具体情况选择贷款年限，然后跟银行签订合同。

三、创办企业的流程

依照我国法律规定，凡从事以营利为目的的经营性活动，必须首先去相关管理部门进行登记并获得批准后方可从事经营。作为一个创业者，依法经营是基本要求。因此决定创业时，首先要履行相关的登记手续。

（一）工商部门注册登记

咨询后领取并填写《名称（变更）预先核准申请书》，同时准备相关材料；递交《名称（变更）预先核准申请书》及其相关材料，等待名称核准结果；领取《企业名称预先核准通知书》，同时领取《企业设立登记申请书》等有关表格；经营范围涉及前置许可的，办理相关审批手续；到经工商局确认的人资银行开立人资专户；办理人资手续（以非货币方式出资的，还应办理资产评估手续）。

（二）刻制公章，办理组织机构代码证

在拿到工商执照后，要尽快将刻章纳入流程中来，没有公章难以开展其

他手续的办理工作。办理组织机构代码证。

（三）办理税务登记

税务登记到属地税务机关办理，按照相关法律法规，企业必须在领取工商执照后的 30 天内办理税务登记。在实际工作中，企业为了能尽早取得发票开始经营，应在办理组织机构代码证后立即开始办理税务登记手续。合伙企业只是提供服务，不涉及销售行为，不需要办理税务登记。

1. 咨询

办理税务登记，首先要做好咨询工作。携带工商执照副本原件和组织机构代码证副本原件到属地税务机关，国税工作人员根据创办者要创办的企业类型（工业、商业）和经营项目，判断是否需要进行国税登记。如若需要，国税工作人员会发放税务登记表，反之，则可直接到地税窗口办理地税登记手续。需要提醒的是，税种和经营项目相关，税率则和企业类型有很大关系。所以在第一步的咨询工作中，要向国税工作人员表达清楚自己的企业类型和经营项目，有不清楚的地方，要及时了解，和工作人员沟通。

2. 填表

在填表这一步中，可以有两种选择：一是若经办人携带资料和印章不齐全，可将登记表带回去填写；二是若经办人携带的资料和印章齐全，可当场填表、交表。当场填表的优势是遇到不明白如何填写的地方，可以及时询问工作人员，大大节省双方的时间和提高办事效率。在填写登记表前，要注意认真阅读"填表须知"资料；填表时，要尽量做到字迹工整、准确表达、信息真实完整；在填完登记表后，经办人要仔细检查填表信息，确保准确无误。在这一步也要准备相关资料复印件，如法定代表人身份证复印件、组织机构代码证复印件、营业执照复印件、财务负责人身份证复印件、办税人员（一般是企业财务人员）身份证复印件。

3. 交表

交表时要注意的是，一些税务机关有相关规定，交表必须由企业法定代表人或负责人携带本人身份证原件，并且提供以下证件、复印件及公章。

（1）营业执照副本原件。

（2）组织机构代码证正本原件。

（3）组织机构代码证副本原件。

（4）企业章程（或合伙协议）复印件。

（5）房屋租赁合同（协议）复印件。

（6）房屋产权证复印件（要求一般与工商注册地址相同）。

（7）如果是高新技术企业，还应携带高新技术企业批准证书原件及复印件。

工作人员审核登记表后会发给经办人一张领取税务登记证的通知单，注明领取税务登记证的时间，要妥善保管。

4. 领证

在通知单注明的规定时间领取税务登记证（正本和副本），并及时缴纳证书的费用，如若有镜框需要，也可以直接缴纳镜框费用，领取镜框。之后，工作人员会发给经办人一张税务报到通知书，其主要信息包括以下四方面：其一，去哪家税务所报到；其二，去报到应该携带什么资料、证件；其三，什么时候报到；其四，税务所的联系电话和地址。从税务机关领回的税务登记证正本在装入镜框后，同工商执照正本一起放置在企业明显位置。

完成以上手续并获得相关证书后，企业就有了合法的"身份"，可以开始经营活动了。

第四节　当代大学生创业风险管理

做任何事情都会有风险，创业作为一项创造性活动，参与要素、影响要素众多，风险是必然的。我们的任务在于如何在事件发生前能够最大可能地预知风险，并尽力采取措施去规避风险或者及时采取措施应对风险。

一、创业风险的概念与特点

（一）创业风险的概念

创业风险从一般意义而言，包含着两方面的含义：一是就创业整体而言的，创业有可能遇到的失败，可以看作风险；二是指具体的创业过程中，某一要素或某一环节出现问题，导致创业出现危机甚至失败。这里的创业风险指的是第二种含义。

创业风险，就是指由于社会环境的快速变化，再加上创业机会受到多种因素干扰，同时可能由于创业主体自身能力的限制，创业活动偏离创业目标的可能性及后果。

（二）创业风险的特点

1. 客观性

创业风险的客观性，是指创业风险的存在是不以人的意志为转移的。首先，创业过程中，涉及要素众多，尤其是当今时代变化迅速，对一个具体的创业项目来说，创业的宏观环境和微观环境是创业主体难以完全掌控的。其次，创业不仅与技术打交道，还与各类人物打交道，有些事件属于"黑天鹅"或"灰犀牛"事件，是难以把握的。

2. 不确定性

创业风险的不确定性，同任何其他风险的不确定性是一致的。创业风险的不确定性是指创业风险的风险程度有多大、风险何时何地有可能转变为现实均是不确定的。这种不确定性，还指创业风险出现的时间、领域、事件都是难以确定的。创业风险可能是遭受已有市场竞争对手的排斥，也可能是进入新市场面临的需求不确定的情况，还可能是新技术难以转化为生产力等。

3. 相对性

相对性是指风险未必一定就是坏事情，因为这里的风险是与我们预期目标相比较而论的，创业风险的出现不意味着完全意义上的负面影响。在规避风险的基础上，还可以把握住风险，化危机为机遇，从而实现创业项目的脱胎换骨。

4. 可预期性

创业是创业主体判断创业环境，把握创业机会，运用创业资源进行的一种实践活动。创业主体凭借自身的能力，有对事情进行预判的可能。更为重要的是，不管是在外国还是在中国，学术界对创业活动研究较多，对具体的创业主体来说，可能风险是多种多样的，可研究者能依据创业活动的经验总结为创业主体提供一些经验参考，这也为创业风险的预期提供了一个基础。

5. 损益的双重性

风险带来的不只是损失，还有一定的收益。在创业活动中，对创业者来说风险和利益必然是同时存在的，即风险是利益的代价，利益是风险的报酬。风险的出现，可以及时帮助创业主体修正行为的方向，还可以帮助创业主体及时调整创业的策略。

二、创业风险的类型

创业风险从不同的角度看有不同的类型分类。从内容区分，包括资金风险、技术风险、管理风险、市场风险、生产风险、环境风险等；从过程区分，包括准备和计划风险、获取经营资源风险、经营管理风险等；从经营技术和市场关系的角度区分，包括杠杆型风险、跨越型风险、改良型风险和激进型风险；从风险来源的主客观性区分，包括主观创业风险和客观创业风险；从风投的影响角度区分，包括安全性风险、收益性风险和流动性风险。下面则主要针对以内容区分的创业风险来展开说明。

（一）资金风险

所谓资金风险，通常意义上指资金链断裂，资金不能适时供应，影响新创企业正常运转而导致其面临倒闭的风险和危机。资金风险是许多新创企业面临的最常见的风险，对于新创企业而言，资金链断裂是一种常态和必然。通常情况下，新创企业在初始阶段，都难免会经历一段亏损期，如若不能及时处理企业经营的资金问题，则会使企业前进的车轮转向倒闭的路口。而新创企业由于本身规模通常是比较小的，可抵押的资产也不多，创业团队的个人信用不足，难以支撑企业融资，这对初创企业是很大的挑战。资金风险是新创企业面临的第一风险。

（二）技术风险

技术风险就是企业由于相关技术问题导致创业失败的风险，具体来说，技术风险是一种不确定性，范围涵盖技术前景、技术成功与否、技术效果、技术寿命、配套技术等若干情况。其中任何一个细分风险，都可能会影响新创企业的成败。当前科技发展日新月异，创业环境同之前相比也有很大不同，有许多初创企业由于研发了某种新技术，创新了商业模式而获得成功的例子。金无足赤，企业注重新技术的创新，也要防范可能带来的技术风险。

（三）管理风险

创业风险中的管理风险，是指新创企业在管理运作过程中，因信息不对称、管理不善、判断失误等影响管理的水平，而导致新创企业失败的风险。管理风险，若往大了说，可以将新创企业的几乎所有问题都归为管理失衡上去，难免泛泛。管理风险在此部分仅谈论由于经营管理本身可能造成的风险。其通常分为管理者素质风险、决策风险、组织和人力资源风险、管理团队组合风险等。

管理者素质风险的关键因素，表现在其是否具备一定的创业精神，群体管理层是否具备一定的专业能力。管理者品德也直接影响着管理水平，甚至间接影响着企业能否做大做强，关系着企业成败命运。决策风险是指在管理决策活动中，由于主、客体等多种不确定因素的存在，而导致决策活动不能达到预期目的的可能性及其后果。降低决策风险，减少决策失误，一直以来都广受人们关注。组织和人力资源风险突出表现在人力资源规划不清、人员招聘质量不过关、员工培训不到位、薪酬与绩效管理不公正等因素。管理团队组合风险突出表现在创业团队没能划定一致的奋斗目标、团队成员角色配置不够清晰合理、缺乏沟通反馈机制解决工作矛盾等。

（四）市场风险

市场风险是指市场价格的不利变动或者急剧波动导致的衍生工具价格或者价值变动影响新创企业的风险。市场风险的特征之一——不确定性，体现在市场需求量、市场接受时间、市场竞争价格、销售模式效能、市场危机后果等因素。任何一个创业者在实操之前都会参考市场状况，并进行一定的分析，但市场形势变数众多，市场风险一直都会存在，需要创业者具有一定敏锐的市场嗅觉，才能尽可能地去规避一些意外风险。

（五）生产风险

生产风险指新创企业在原材料、设备、技术人员、生产工艺及生产组织等方面难以预料的障碍存在。生产风险会引起企业生产无法按照原定的成本完成生产计划，由此可能导致创业失败。如果这个新创企业是以提供某种服务为业，可能会由于在服务组织供给方面产生脱节、所提供的服务品质无法保证等因素而导致创业失败。

（六）环境风险

创业风险中的环境风险，是指创业活动所处的自然环境的变化，即自然灾害、战争因素等，也包括一些社会环境的变化，即政治、经济、法律等。细化来说，如有关国家政权更迭、宏观经济环境发生大幅度波动或调整，法律法规的修改或者创业相关事项得不到政府许可，合作者违反契约等。上述情况都会给企业带来一定的风险、影响。环境风险具有两个主要特点，即不确定性和危害性。

三、大学生创业风险的来源

创业活动是围绕着创业项目进行的特定活动，除了本身的特殊性，所有创业活动都有其共同的问题。研究表明，创业风险与影响创业活动成功的重要问题有关，这些也是创业风险的多发领域，大学生新创业更要注意防范这些风险。

（一）融资问题

大学生创业需要资金，融资是创业的基础。新创企业大多基于某一创意或某一技术而设立，将创意或技术转化为可以提供的产品或服务则需要资金投入。

在现实的创业活动中，进一步将创意或技术定型，需要研究基金的支持。资金支持一般来自个人、政府或者一些公司的研究机构，它们会支持创业主体提出自己的创意，也会支持创业主体进一步对创意进行可行性论证。

大学生创业融资的另一问题是，如何引进投资，将创意或技术转化为市场需要的产品原型。如果没有足够的资金将创意或技术实现商品化，必然会给创业带来风险。

（二）创意（技术）转换为商品的问题

当大学生创业者欣喜地发现可以使某项技术创新突破转换成商品进入市场盈利时，大概率都还没经过论证与研究，仅仅停留在自己满意的论证程度上。这种程度的论证转化为创业机会还不够，还需要面对大量艰巨的、耗资巨大的研究工作（有时需要几年时间），进而形成创业风险。

简而言之，这个问题就是创业主体判断与市场潜力的商业判断之间有一定距离，如何进一步将创意（技术）转化为商品还需要继续研究。

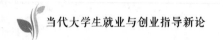

（三）创业合作者的信任问题

任何大学生创业者，不可能同时是技术人员、管理者和投资者的角色。成功的创业团队，必然是三种角色的相互配合。这种情况下，必然会存在创业合作伙伴的信任问题，从而形成创业风险。

大学生创业团队要做好各司其职的工作准备。技术人员通常在技术层面领域具有一定的判断能力，有一定的科学素质和技术基础。而管理者和投资者通常熟悉市场进入的程序步骤，各方对于自己负责的领域尽职尽责的同时，也要对创业团队的合作者有一定的信任，不能在不熟悉的领域指点江山，既不利于团队团结，也不利于企业健康发展。

（四）创业资源的聚合问题

所谓"巧妇难为无米之炊"，资源和大学生创业者就是这样的关系。创业者宏伟的事业蓝图若无资源铺就，也只能是一种空谈。一般情况下，大学生创业者，在创业之初就难免会遇到资源问题，如何聚合创业资源，为企业运作提供便利，是一个绕不开的话题。如果创业者不能合理解决这个问题，则企业难免陷入难以为继的境况。

（五）企业管理问题

掌握某项新技术的大学生创业者，可能可以很好地解决技术应用问题，但未必就能应付过来企业管理问题，进而就滋生了管理风险。技术人才创业者可能在技术领域可以实现带领企业打破行业限制的鸿沟，但在整体战略发展规划上及具体事务管理上可能会存在一些问题，这也是创业风险来源之一。

四、大学生创业风险的管理与应对策略

创业风险是客观存在的，不以我们的意志为转移，这要求创业者要增强

风险意识，在创业过程中加强对创业风险的管理与控制，从而促进创业的顺利进行。

（一）创业风险管理的内涵

风险管理，顾名思义，就是人们对可能造成风险的因素，及时采取控制、规范和处理的行为。具体来说，风险管理包含要及时认清风险发生与变化的规律；对风险造成的损失有一定的估算和认识；在风险发生后有相应的处理方式应对，减少风险造成的损失等。

创业风险管理是指创业者在创业企业运行中，通过对资金、技术、市场、管理等风险因素的认知，识别可能出现的风险，并对相关风险要素、风险事件、风险损益及时采取应对措施的过程。

成熟企业一般会有专人负责风险问题的处理，创业之初，企业人员和部门的设立不会太齐全，创业企业的管理者承担着风险预防任务。由于创业初期事务繁杂，创业企业管理者很难把精力集中在风险预防方面，所以容易发生风险。

（二）大学生创业风险的识别与防范

1. 创业风险识别的方法

（1）环境分析法

环境分析法是根据对企业面临的宏观环境和微观环境的系统分析，推断环境可能对企业产生的风险与潜在损失的一种识别风险的方法。

宏观环境主要包括自然、经济、政治、社会、技术等，微观环境主要包括投资者、顾客、原材料供应者、政府管理者等。例如，市场需求动况、市场是否有新的竞争者占领市场份额、竞争者的优劣势分析等。

（2）组织结构分析法

组织结构分析法指利用组织结构图分析风险发生或潜在风险所在的环节。对于组织结构复杂、分支机构众多的企业，组织结构图可以清晰地摆明风险管理的重点，识别内在风险，这对预估风险起到警示的作用。它描述企

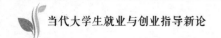

业活动性质和规模，直观地反映企业面临的风险及各部门之间的联系，使人们更清楚地认识到各部门所承担的责任，反映潜存的可能使风险状况恶化的薄弱环节。

（3）财务报表分析法

财务报表分析法是指以企业基本活动为对象，以财务报表为主要信息来源，针对企业经营过程的分析办法。分析方法主要有两种：一是比较分析法，是将客观事物变化辩证统一的方法；二是因素分析法，是将整体分解为若干个局部的分析方法。比较分析法是指将客观事物变化辩证统一的方法，按照比较的参照标准分类可分为趋势分析法、同业分析、预算差异分析；按照比较的指标分类可分为总量指标、财务比率、结构百分比。因素分析法是指将整体分解为若干个局部的分析方法，可以分为比率因素分解法、差异因素分解法，其中差异因素分解法可以分类为定基替代法及连环替代法。

（4）流程图分析法

流程图分析法，即通过分析生产流程过程发现企业面临的危险的方法。将企业生产工艺的全过程，包括进货选料、包装制造、存储销售等各阶段，按顺序列出一张详尽的流程图，然后再对各阶段逐项进行分析，从中发现潜在风险，找出导致风险发生的因素。

（5）事件树分析法

事件树分析法起源于决策树分析，这种方法将系统可能发生的某种事故与导致事故发生的各种原因之间的逻辑关系用一种称为事件树的树形图表示，通过对事件树的定性与定量分析，找出事故发生的主要原因，为确定安全对策提供可靠依据，以达到猜测与预防事故发生的目的。

（6）故障树分析法

故障树分析法指由上往下的演绎式失效分析法，用来了解系统失效的原因，并且找到最好的方式降低风险。

（7）专家调查法

专家调查法，是指围绕某一主题或问题，征询有关专家或权威人士的意见和看法的调查方法。调查对象只限于专家这一层次。在下列三种典型情况下，利用专家的知识和经验是有效的，也是唯一可选用的调查方法。

① 数据缺乏：数据是各种定量研究的基础。然而有时数据不足或数据不能反映真实情况，或采集数据的时间过长，或者付出的代价过高，则无法采用定量方法。

② 新技术评估：对于一些崭新的科学技术，在没有或缺乏数据的条件下，专家的判断往往是唯一的评价根据。

③ 非技术因素起主要作用：当决策的问题超出了技术和经济范围而涉及生态环境、公众舆论以至政治因素时，这些非技术因素的重要性往往超过技术本身的发展因素，因而过去的数据和技术因素就处于次要地位，在这种情况下，只有依靠专家才能作出判断。

此外，由于原始信息量极大，决策涉及的相关因素（如技术、政治、经济、环境、心理、文化传统等）过多，计算机处理这样大的信息量费用很高。这时从费用效果考虑，也应采用专家调查法。

2. 大学生创业风险的防范

风险防范是指有目的、有意识地通过计划、组织、控制和检查等活动，来阻止防范风险损失的发生，对于已发生或待发生的损失，削弱影响程度以获取最大利益。

（1）预防风险

创业企业难免会经历各种各样的挑战，经过学习认知创业风险，创业者可以提前采取措施以预防风险。例如，新创企业通常规模较小，规章制度也有待完善。创业者要有完善相关制度的意识来规避各种风险，特别是合同管理、知识产权保护、财务管理等，在处理日常事务时，也要有一个积极向上的态度，要认真处理各类事情，不因为自身的失误而导致风险。

（2）自我保险

明智的财务计划可以在企业遇到风险时提供帮助，这种方式也被称作自我保险。尽管很难在商业运作中实现，但为了防范创业风险，还需要创业企业努力去做。

自我保险，即风险自留。自我保险可以采用一般方式或特殊方式，一般方式具体来说，就是企业拿出营业利润中的一部分作为防范未来可能会出现的资金风险，以便真正发生时有资金周转或补偿损失，帮助企业渡过难关。特殊方式指，自我保险用于指定地方，如职工医疗补偿等。

（3）风险分担

伴随着科技的发展，无论是什么行业都在追求效率。科技改变生活，产品的生产周期越来越短，但消费者对产品的要求却越来越高，这就对企业的研发能力和销售能力有一定的要求。但创业企业的规模、科研实力和财力总是有限的，在创业过程中，难免需要寻求相关合作以共同承担压力。由于创新、创业本身就存在较大风险，为了弥补创业企业的薄弱环节和分散企业面临的创新风险，大学生新创企业同其他企业和科研单位共同研究的情况也层出不穷。因此，联合开发、共同营销策略不失为减少创业风险的有效途径。

（三）大学生创业风险的评估与应对

1. 创业风险的评估

风险评估就是量化测评某一事件或事物带来的影响或损失的可能程度。风险评估是组织确定信息安全需求的一个重要途径，这一阶段可按照相关损失发生的概率进行分类，进行损失概率的评估，同时对损失的规模与幅度进行分析，从而使风险分析定量化。综合分析风险发生的概率、损失的程度以及其他因素，评估风险概率和可能带来的负面影响，确定组织承受风险的能力，确定风险消减和控制的优先等级，推荐风险消减对策。风险评估方法一般采用定性和定量相结合的方法，具体分为三个步骤。

（1）可能性分析

可能性分析是指在对风险发生概率进行分析时，不采取任何措施影响经营管理进程。

根据常规分类方法，我们将风险发生概率划分为五个等级：极高、高、中、低和极低。

关于风险发生概率，一般有三个方面会影响概率的高低：第一，与风险相关的资产变现能力，直白地说，就是资产变现容易与否。风险发生概率同资产变现能力呈负相关，即资产变现能力越强，风险发生概率越低；资产变现能力越弱，风险发生概率越高。第二，在经营管理过程中，人工参与程度也影响着风险发生概率，且二者呈正相关。即人工参与程度越高（自动化程度越低），风险发生概率就越高；人工参与程度越低（自动化程度越高），风险发生概率越低。第三，经营管理中是否有大量繁杂的人工计算，其关联的风险程度同第二点类似，即人工计算涉及越多，风险发生概率越高，人工计算涉及越低，风险发生概率越低。

（2）影响程度分析

在进行风险评估时，不仅要注重风险发生可能性，也要对风险影响程度作一定评估。风险影响程度主要指的是负面影响，在风险评估之前，首先要做好既定目标的了解与分析。

根据常规分类方法，我们将风险影响程度划分为五个等级：极大、大、中、小和极小。如果风险对于目标能否实现产生直接且决定性的影响，那么我们将其归为大的影响程度；如果该风险只会对目标实现产生间接且非决定性的影响，那么我们将其归为小的影响程度。

（3）重要风险与一般风险的判断

经过上述风险评估后进一步划分，分别确认风险程度，是"重要风险"还是"一般风险"，从而为解决风险提供一定的对策依据奠定基础。对于需要重视的风险，要有一定的判断，风险重要程度的判断主要根据风险发生的可能性和影响程度来确定。这很容易理解，如果风险发生的可能性属于"极小可能发生"的，该风险则可以不用重点关注；如果风险发生的可能性高于或等于"可能发生"，且风险的影响程度小，则将该类风险划分为一般风险，予以一定程度的重视；如果风险发生的可能性等于或高于"风险可能发生"，且风险的影响程度大，就将该类风险划分为重要风险，重点关注、防范该类风险。

2. 创业风险的应对策略

（1）应对项目选择风险

创业团队选择创业项目、制定商业模式、描绘事业前景，都是基于一定的业务经营环境及其业绩的假设。虽然在项目选择时创业者已经按照相应的标准进行了认真筛选，但由于创业企业提供的产品或服务无论是根本性创新、改进性创新，还是模仿性创新，对市场而言都是陌生的，没有经验，所以创业企业可能发生实际经营业绩偏离预期目标的情况。应对项目选择风险可以采取两个措施。

① 搭建策略调整机制

建立市场监测及策略调整机制，也就是在企业经营过程中，实行监测分析，保持对关键市场信号的敏感度，结合产品试销推广的阶段，调整先期制定的市场营销策略的机制。

② 与强者联合

大学生在创业过程中，可能会遇到一种情况，那就是短期内市场对企业提供的产品或服务的需求不够明显，但是经过一定时间的投入和培育，消费者需求会被唤出。由于创业企业资源和能力、实力有限，如果能够与行业中的强势企业合作，就可以快速实现规模的扩大。

（2）应对融资风险

大学生创业往往需要融资。融资也有可能带来风险，创业者要对此有所警惕。融资风险分为三种情况：一是融资规模不当；二是融资时机不当；三是融资成本不当。

融资规模无论是过大还是过小，都会有负面影响。针对融资规模问题，创业者除了自我评估外，应尽可能向专家进行咨询，确定合适的规模。

融资时机过早可能造成企业的负担，因为融资本身也是成本，此外融资也会稀释创业者的股权；如果融资过晚，就可能让企业陷入资金危机。融资时机的把握没有一定的定律，需要创业者综合创业各方面的情况及时判断。

融资成本分为两种：一种是看不见的机会成本，即融资需要时间，如果时间过长，可能导致创业企业的产品或服务上市受影响，进而影响企业的进一步发展；另一种就是融资的现实代价，即投资者不是慈善家，其最终目的是实现资本价值的最大化，这样投资者必然谋求控制创业企业，以确保自己的利益，因此融资协议有时候可能就比较苛刻。在这方面，创业者一定要记住不能不计成本地去融资，在融资之前要有所计划，要有自己的底线，以免最后比较被动。

（3）应对资金链断裂风险

大学生创业者的关键目标是持续经营，保证资金链的畅通是确保实现这一目标的基础。

资金链是一个企业的鲜血，几乎所有企业稍做大一点，就会违背企业经营效率这个根本。因此，如何保证资金链的连续型发展，可以说是企业经营的根本。资金链是保证企业能够实现正常生产、经营、运转所需要的基本循环资金链条，资金链一般包括资金投入链、资金运营链、资金回笼链。

资金投入链，主要与企业筹资相关，对于创业企业来说，即是企业的融资能力。资金运营链是企业业务运营在资金链上的反映，是企业资金链的灵魂。要做好科学决策、制度建设、把控业务流程、风险控制、资金管理等方面的工作，否则会直接影响资金链运行的健康程度，进而影响企业存亡。资金回笼链指公司在开始经营运转的过程中，投入的资金在一段时间后顺利回收。如果只出不进，必然要面临着企业资金链断裂的结果，应收账款决定着企业资金回笼链的安全程度。

所谓资金链断裂，指企业发生债务危机，进而不能偿还到期债务。资金链断裂往往是一瞬间的事情，但是确保资金链安全需要做的工作却很多。

① 确定合适的债务规模

企业作为经济活动的载体，以获取利润最大化为目的，但往往企业发展到一定规模时，就会陷入怪圈，即效率下降，资金周转减速，影响企业正常运行。因此做好资产结构和负债结构的合理安排，对于企业健康发展来说是重中之重。最优的资本结构是指企业综合资金成本最低、股东投资利润率最高的资本结构，同时也是财务风险最小的结构。企业要根据企业发展的实际情况，合理安排资本结构中的各种比例关系。例如，负债和总资产的比例关系，协调各种比例关系，包括负债和总资产的比例关系、中短期负债和长期负债的比例关系等，实现降低财务风险、确保资金链安全的目的。

② 做好现金预算

资金链中最关键环节是现金的保有量是否能够维持企业运营。创业企业在运营之初，举债能力还相对较弱，容易出现到偿还债务日期而没法偿还债务的情况，陷入借新债抵旧债的恶性循环。因此企业需要做好现金预算，在运作企业的同时，也要安排未来需要支付债务的资金。企业可以通过编制现金预算，合理调度资金，加强财务预算控制，避免资金链断裂的危险。

③ 保持资产流动性

企业资金的流动性就是企业的生命。企业要加速存货周转，缩短应收账款周转期，同时努力降低整体资产中固定资产的比重，以此来降低资金链断裂的风险。

（4）应对技术风险

创业活动常常表现为将某一创新技术应用到实践，将其转化为产品或服务的过程。技术风险包括技术从发明到商品化、产业化过程中的各种不利的结果。

① 及时申报专利

知识产权对于创业公司来说，对于确保企业的成功经营或者融资都会是一大利器。因此，申请专利对于企业至关重要。知识产权包括商标、专利和商业秘密等，就像可口可乐的配方不公开一样。申请知识产权是讲究策略的，因为申请的专利每年都要支付一定的费用，所以专利申请地、专利范围以及客户所属地都要进行综合考虑。

② 组建技术研发联合体

现在很多政策鼓励创新创业，初创型或者中小型企业，单独开发技术风险太大，如果自身资金有限，就可以利用相关政策、寻找相关资源进行合作。

如为对口单位提供相应的技术支持，如果提供的技术与该单位的业绩相关，会受到热烈欢迎和大力支持。还可以建立技术研发联合体，获得符合本企业特点的新技术，并迅速将技术转化为新产品，有效避免企业与科研院所的体系脱节，从而在低风险的条件下，获取自主创新技术，形成企业的核心竞争力。

（5）应对市场风险

能够成功占领市场，是创业成功的关键所在。针对市场风险，可以从两个方面入手。

① 以市场为导向整合营销理念

要在瞬息万变、竞争激烈的市场中生存，创业企业必须树立正确的市场营销观念，重视市场营销的作用。在进行产品规划、价格制定、渠道选择、促销策略制定时都要以市场为导向，从消费者角度出发，统筹生产研发部门与营销部门的工作，相互配合，响应市场要求，实现技术与市场的完美结合。

② 不断改进产品

面对消费者需求的不断变化，创业企业不能满足于初创产品的创新性，要加快原有产品的升级改造，同时加速新产品的研发储备。企业要根据市场需求和企业目标，对产品组合的宽度、深度和关联度进行决策，通过增加产品的差异性，适应不同层次消费者的需求，降低市场风险。

（6）应对管理风险

创业企业重心在创意或创新，创业者未必就是一个合格的管理者。应对管理风险，需要创业者从两个方面入手。

① 完善企业治理结构

建立科学的决策和监督机制是企业应对管理风险的前提。公司由谁投资、股东之间股份比例如何及股东会、董事会和管理层之间的分工直接决定了企业是否有活力。为此，创业者要从创业之初就要按照现代企业制度，建立完善的法人治理结构。除了一般的常识性知识外，创业者尤其要注意三个方面：一是创业者要成为企业的所有者，要防止融资造成的所有权转移；二是从治理结构入手，让管理层持股；三是从激励入手，设计好激励体系。

② 完善企业内部控制制度

完善企业内部控制制度的一个重要手段就是建立健全严密的内部控制系统。企业内部控制系统要覆盖到企业的各项业务、各个部门和各级人员，并渗透到投资决策、执行、监督、反馈等各个环节。同时，对掌握企业内幕信息的人员进行有效监督，防止商业秘密外泄。

（四）大学生创业者风险承担能力评估

不是每个大学生创业者都会成功，潜在的损失或收益越大，风险就越大。面对创业风险，创业风险承担能力怎么样，往往会影响到创业者能否在遇到风险时成功应对。固然创业者的应对风险能力会随着实践而提升，然而毕竟创业不是在做实验，创业追求的就是成功，这必然需要创业者具备一定的综合素质。"知己知彼，百战不殆"，了解大学生创业者的风险承担能力，对于促进创业成功意义重大。

每个人对风险的承担能力是不一样的，有的人有足够的能力和资源去驾驭风险，那么风险因素对他来说并不是最重要的考量指标；而有的人可能自身无法承受创业失败带来的损失，那么就应该在创业之前评估一下自身的风险承担能力。因为风险承担能力不仅是对创业者心理素质的考察，还是对社会经验、知识储备等内容的评估。具体来说，可以通过四个方面进行综合评估风险承担能力。

1. 创业项目与自身目标的符合程度

创业过程中遇到的困难和风险极大，因此有必要了解创业者的创业动机，以利于判断他愿意为创业活动付出代价的程度。一般认为，创业机会与个人目标的契合程度越高，则创业者投入意愿与风险承受意愿自然也会越大，创业最后成功的概率也越大。

2. 机会成本

机会成本是指在面临多种方案选择其中之一时，被舍弃的方案中的最高价值者是本次决策的成本。一个人的一生，除去接受教育和年老丧失劳动能力的时间，黄金时间也就 30 年左右，创业需要时间，而为了这个创业机会，自己将会放弃什么？可以从其中获得什么？得失的评价如何？参与创业，需要仔细考虑创业所要付出的机会成本，经由机会成本的客观判断，可以得知新创业机会是否真的对于个人生涯发展具有吸引力。

3. 承受失败的底线

创业必然需要面对可能失败的风险，但创业者也不宜将个人声誉和全部资源压在一次创业活动上，也就是要有承认失败的勇气。理性的创业者必须设定创业失败的底线，以便有机会可以再次创业。换句话说，创业不是赌博，不是不留"本钱"的豪赌，没有考虑底线的创业，一旦遇到问题，给个人带来的风险必将很大。

4. 个人风险偏好

风险偏好，是指个体承担风险的基本态度，是个人感知决策情景及制定风险决策的重要前导因素。创业有风险，人所共知，创业者自身对风险的感知以及接受程度，决定了他面对创业风险的态度。如果创业者从一开头就"输不起"，那这样的创业者在做决策时就会患得患失，一般而言就很难创业成功。再有，当创业风险出现时，如果创业者内心胆怯，或者心理素质不好，方寸大乱，那决策就容易保守，甚至容易失误。反之，当创业者喜欢冒险，面临同样风险时，他做进取决策就会更积极，往往能够险中求胜。当然，无论是过于喜欢冒险还是过于保守，都是不利于创业活动的，喜欢冒险的人也可能会因为孤注一掷的举措，将企业带入困境。理想的创业者，需要不断提高自身修养，让自己在任何时候都能保持高度理性。

第六章　当代大学就业创业新探索

大学生就业创业离不开思想和育人新形式的指引。本章为当代大学就业创业新探索，从两个方面对大学生就业创业问题进行了全新的探索，分别是就业创业与思想政治教育、构建当代大学生就业创业育人新形式。

第一节　就业创业与思想政治教育

一、思想政治教育与就业创业教育的关系

（一）理想信念教育是就业创业教育的重要内容

理想信念教育关系到培养什么人、怎么培养人、为谁培养人这一教育的根本问题。理想信念是精神之钙、行动之力，是大学生顺利成才、实现青春梦想的精神内核。理想信念教育是思想政治教育的核心内容，它是一项系统的工程，是一个长期的、持续的、潜移默化的教育过程。从当下大学生就业形势来看，考上大学并不一定就能稳定工作，有就业保障，如今的大学生在就业领域上面临着更多的挑战。因此，理想信念变得更为重要，它是支撑和支配人们行为活动的强大精神力量。通过教育，让学生尽早对自己未来人生树立理想抱负，产生思考，如"社会需要什么类型人才""自己想成为什么样的人""如何坚定目标实现自己的理想"等，这有助于大学生能以更积极乐观的态度接受社会择业的考验，不会因为一点挫折，就丧失对理想的追求，以更健康的心态面对挑战，树立"奋斗"的积极向上的信念。管理学大师汤姆·彼得斯指出："创业目标是高悬于理想之路的导向明灯，有效地控制与理想目

标相悖的行为冲动，同时激发创业主体的聪明才智和拼搏活力，并保持行为的持久性，向着既定目标前进的精神动力。"[1] 一些相关心理学研究表明，衡量"理性人"是否合格的标准之一，就是能够做到"知己"，了解自身长处和不足，并基于此选择适合自己的就业方向或创业方向。"行为理性"可以发挥主体的主观能动性，选择适合自身发展的目标，提高成功的概率，避免因现实和理想差距过大而产生消极情绪。"行为理性"可以从实际上践行理想信念教育，使大学生能向着目标不懈努力，向成功的彼岸奋斗前进。就业创业教育的正面或反面的例子在思想政治教育中起到了警示、示范、指明方向的作用，通过介绍成功企业家创业的故事，激励学生们树立远大理想，坚定信念。也能让学生细细体会成功道路的不易，从挫折中汲取养分，培养自己百折不挠的意志品质。树立"靠自己""靠能力""靠机遇"的成才理念，积极向上追寻自己更好的明天。

（二）职业道德教育是就业创业教育的核心要求

大学生职业道德的培养是高校思想政治教育的重要目标，也是高校开展思想道德素质教育之中重要的一环。具备职业道德，可以使大学生在未来求职或自主创业的竞争中更有优势。这不仅对大学生个人的发展有利，也对社会的发展进步有益。但从现实角度出发，一些毕业生好逸恶劳，工作中没有以高标准的职业素养要求自己，缺少责任感和担当；一些毕业生在进入社会工作之初，就没有做到踏实务实。这类现象不仅挫伤了企业及用人单位招聘应届生的积极性，也对就业环境产生了消极影响。甚至有些毕业生自主创业时为了短期利益，选择销售假冒伪劣产品、偷税漏税，走上了违法犯罪的道路。无论在社会身处什么样的环境，扮演什么角色，坚守道德素质就是坚守住不可逾越的底线，这不仅对个人未来发展有利，也对自身起到规范的作用，避免误入歧途。高校要在开展就业创业教育的过程中，在强调拓宽知识面、

---

① 王建民. 管理学原理［M］. 北京：北京大学出版社，2015.

提升业务素质、能力素质的基础上，有目的地培养学生的敬业、精业、爱业精神，不断强化社会公德心、责任感、职业伦理，引导学生逐步树立正确的职业操守与公民意识。经验证明，在大学毕业生就业创业过程中，社会对"德才兼备、以德为先"的人才是充分认可和肯定的。教育学生就业创业，不仅是谋生糊口的手段、施展才华的场所、确立地位的途径，更重要的是展示个人德行的社会舞台。

（三）诚实守信教育是就业创业教育的现实要求

当代大学生既是社会主义市场经济的实践者，也是中国特色社会主义事业的建设者与参与者。不断健全大学生的社会人格与心理品格，使他们从容应对日益增长的社会竞争力是诚实守信教育的重要目标。诚信是中华民族自古以来的传统美德，也是现代社会的黏合剂和市场经济的基石。在求职过程中，部分毕业生不守信用、不重承诺的情况时有发生。因此，要想改变当前大学毕业生的这种现状，就需要我们在认真分析诚信文化缺失的成因时，不断深化高校思想政治教育工作，提升大学生诚信素养，使"诚信"二字深入人心，形成良好的社会风气。从市场经济的角度审视，各种社会关系都可以理解成"契约"，国家与公民的关系代表了公权力与私权利间的"契约"，"签约""合同"是基于劳动法律调整下的"契约"的具体形式。毫无疑问，诚实守信就是形成"契约"的思想前提，社会关系一旦形成就会受到法律法规的规制与保护。严重的失信行为使我们必须在大学生就业指导和创业教育过程中加强诚信教育，使"人而无信，不知其可"成为开展教育的出发点和归宿。在日常管理中凸显制度的"刚性"作用，不断完善个人信用档案、广泛推行就业推荐材料审查制、建立创业经历档案，使诚信督导贯穿于整个就业指导和创业教育过程，切实通过教育引导筑牢走出校门前的"第一道防线"。

（四）艰苦奋斗教育是就业创业教育的内在要求

就业创业教育实际上是艰苦奋斗精神与社会生产实践的外在诠释，它对人才的成长尤为重要。高校可以举办创业先进个人事迹报告会、举办高端讲坛、邀请企业家进校园等活动，用企事业单位成长成才标兵、优秀企业家的创业经验和先进事迹，激发大学生艰苦创业的热情，增强他们敢于"自我突破""自我实现"的勇气，使他们理解无论在任何领域、无论从事何种职业，艰苦奋斗永远是成长成才的内在动力。此外，要鼓励在校学生有意识地培养自身的市场意识、管理水平与人际能力，广泛涉猎与企事业单位有关的知识，如企业注册、经济管理、市场营销、财务管理知识和法律常识。利用校企实训基地与大学生创业园的独特优势，按照现代企业管理要求，在做好风险评估的基础上提供少量资金，让大学生自主经营小型项目。也可以由学校牵头，规避用工风险，为大学生打工、做兼职提供岗位，或在校园内开展勤工俭学活动，增强大学生竞争意识，提高他们处理棘手问题与化解职业风险的能力，培育他们吃苦耐劳的品质，帮助他们积累丰富的就业创业经验。

（五）团队协作精神教育是就业创业教育的必要内容

所谓"独木难成林，百川聚江海"，一个人的力量微弱，集体的力量可以实现许多不可能。在当今社会，彼此之间交流沟通，实现互补互助，可以帮助团队实现最大工作效率。无论个人从事什么社会实践，没有团队协作，开展、进行下去都是不小的挑战，甚至难以为继。在竞争与合作共存性质的社会生活中，需要培养大学生具备团队协作精神。不仅要有个人能力，也需要有在不同的位置上都能做到各尽所能、同其他成员协调合作的能力。在高校思想政治教育上如何能更好地融合开展团队协作精神教育是一个值得探讨的问题。就业创业的主体可以是个体，也可以是创业团队。在创业过程中，难免会遇到不可预测的困难，个体可能不会最终实现成功的目标，但在过程中也会吸收处理事情、面对困难的经验与能力。开展就业创业教育，让大学生认识到团队协作精神在就业创业活动中的作用，让大学生认识到只有好的团队的创建，才有可能实现在激烈的市场竞争中发展的目标。将就业创业教育作为思想政治教育的载体，有利于培养大学生的团队协作精神。团队是由基层和管理层人员组成的共同体，它合理地利用成员的知识和技能协同工作，解决问题，以任务为导向，拥有共同的奋斗目标。个人需求得到满足后所产生的团队成员之间的"心理契约"，是确保团队和谐的一种伦理机制。"心理契约"存在于组织和成员之间的一系列无形、内隐、不能书面化的期望，是在组织中各层级间、各成员间任何时候都广泛存在的没有正式书面规定的心理期望。"心理契约"的构建，是团队实现提高管理效率、减少协调代价的关键，是整体实现不断进取的保证。不仅构建"心理契约"十分重要，团队达成"共同愿景"也十分重要。它是团队所有成员的共同愿望、理想或目标，并且这种愿望、理想或目标表现为具体生动的景象，来源于成员个人的愿景而又高于个人愿景。如果对团队的目标毫无兴趣，没有强烈地与时俱进、开拓创业的精神，不能主动地、满怀热情地把自己所掌握的知识运用于团队的创业活动中，即使是专家、学者创建的团队，团队也会失去"灵魂"，形同虚设。对大学生进行就业创业教育团队精神培育，基本价值取向在于发展学生的团队合作意识，实现学生对基本机制"心理契约"和"共同愿景"认同的目标，使学生能更深刻地认识团队协作精神，从现实层面上来说，这对学生日后开展社会活动有着更积极的意义。

二、思想政治教育与就业创业教育相互融合

就业创业教育立足市场经济的发展形势，通过实用性的教育培养综合素质，思想政治教育能够为就业创业教育的开展提供丰富的理论基础和正确的价值导向。

就业创业教育以培养大学生职业能力和创业素养为出发点和落脚点，旨在培养德、智、体、美、劳全面发展的社会主义建设者和接班人，创造出社会经济价值。而思想政治教育的核心在于对学生的理想、信念教育，引导学生树立正确的价值观，培养德才兼备的高素质人才[①]。思想政治教育和就业创

---

① 静丽贤，孔凡备. 创新创业教育与思想政治教育融合途径研究［J］. 教育教学论坛，2018（19）：32-33.

业教育本质决定了二者在教育目标上的一致性，即二者都致力于塑造综合素质优秀、全面健康发展、符合社会发展需求的人才。

在教学内容上，思想政治教育是一种理论性极强的教育，而就业创业教育更加注重实践，理论与实践的结合正好符合新时代人才培养的需求。在教学设计上，思想政治教育的教学设计可以通过教学方案和教学计划直观展示出来，而就业创业教育的教学设计，不仅需要教学计划和方案，更需要大量的实践来体现。在教学效率上，思想政治教育的教学效果的显现相对较慢，而就业创业教育更加符合当前大学生的心理特点，能够充分调动学生的积极性。在教学评价上，思想政治教育的教学评价局限于高校内部人员，在公平性上缺乏信服力；而就业创业教育有别于思想政治教育，它是覆盖了社会、企业及相关的实习单位等宽层次、广领域的多层次评价。由此可知，思想政治教育能够对就业创业教育的多层内容进行融汇互补，可以弥补就业创业教育在教育理念、教学手法等方面存在的不足。

思想政治教育在长期的探索与改革中具备了一套完善的教育模式，也逐渐形成全方位、全过程的育人格局，并且在传统课程教育的基础上充分挖掘了多媒体资源、网络渠道的价值，朝着"互联网＋大思政"模式进行时空延展和方式创新。然而，就业创业教育模式在高校开展时间相对较短，缺少教育模式方面的经验积累。由于就业创业教育与思想政治教育在教育目标上具有一致性、在教育内容上具有互补性，就业创业教育模式可以借鉴思想政治教育的模式。例如，高校教育工作者应该重视就业创业课程教育的"教"与"学"环节，以引导者的身份组织课堂实践和师生互动，引导学生对就业创业理念进行解读，运用教育模式的契合性，实现开放性教学。

三、思想政治教育与就业创业教育有机融合思考

（一）思想政治教育要伴随就业创业教育全过程

通过大学学习，绝大部分学生在思想政治素养、专业基础知识上都有了

一定的提升与积累。离校前，部分学生会因为"社会身份变化"的问题产生思想波动，更有甚者会厌弃参与社会生活。此时，思想政治教育要凸显"针对性"的特征，结合毕业生的特点，在做好教育实习、毕业论文、形势教育的基础上继续深化大学生的荣辱观教育、诚信教育及爱国主义教育，让大学生上好大学中的最后一课。在就业创业教育过程中，高校要重点突出诚信教育，采用案例教学、多媒体教学、职业论坛、创业讲坛等形式讲明诚信在就业创业工作中的重要作用，做到对毕业生负责、对用人单位负责。高校可以通过隆重而热烈的毕业典礼，着重表彰那些选择到基层、到西部去的优秀毕业学生，鼓励广大毕业生在为国家、为社会建功立业中实现社会价值与个人价值。要做好毕业生离校前的心理疏导工作，就要耐心倾听毕业生的心声，竭尽所能为他们排忧解难，大力培养毕业生感恩母校、回馈母校的真情实感。在就业创业教育中，要完善教育部门、高校、院系、班级四级联动的政策宣传网络，力争让每一位毕业生明晰政策走向。高校要充分利用微博、微信、手机报等新媒体，使用海报、图表等毕业生喜闻乐见的方式，及时解读宣传国家出台的促进就业创业的政策措施。根据毕业生的就业意向和创业需求，分时段、分类别推送基层就业、自主创业、参军入伍、困难帮扶等政策措施，提高政策宣传的针对性和有效性。

（二）思想政治教育要贴近学生就业创业实际

不可否认，当前对大学教学水平评价的体系中，就业率仍是一项重要的指标。学校工作的中心也是围绕确保学生顺利就业而展开的。那么，高校思想政治教育也要坚持"三贴近"的原则，紧密围绕就业创业指导这一环节，将涉及学生切身利益的"职业观""择业观""就业观""创业观"作为思想政治教育的出发点，不断发挥主阵地、主战场、主渠道的作用。针对大学生普遍关注的难题，可以采取个案讲评、成功人士现身说法等形式对学生开展教育，重点强化奋斗精神、吃苦精神、牺牲精神、团队精神、创新精神的塑造，以及确立诚实守信、爱岗敬业、相互尊重的职业道德观。要帮助学生明晰职业走向、熟知岗位规范、提升职业技能、了解职场文化与职业伦理等，在完成教学大纲和教学计划的基础上，培养学生的职业兴趣，挖掘内在潜力，切实提升自身的专业技能与心理技能，丰富就业创业教育的实践内涵。

（三）思想政治教育要与其他工作形成合力

个别高校在进行就业创业教育的过程中，存在"功利化"倾向，过度强调"自我包装"的"外部"技能而忽视对内在实力、人格修养、协作精神的培养。在对广大学生进行就业创业教育的过程中，应把握几个重点：要坚持以人为本的原则，为大学生多办实事，突出理想信念教育，帮助大学生树立正确的就业观；要加强就业形势政策教育，懂得趋利避害；要加强诚信教育，避免学历造假、简历造假、经历造假等失信行为；要加强职业伦理教育，培育高尚纯正的价值取向；要加强创业教育，宣讲国家优惠政策，支持大学生自主研发、自主创业，以积极平和的心态去接受用人单位的遴选，正确看待用人不公问题。尤其在教育实习、撰写毕业论文、设计操作实验过程中，更要寓思想政治教育于其中，引导学生正确处理好"学习成绩与工作业绩""个人能力与社会关系""专业发展与社会需求"三者之间的关系，培养优良的道德品质和豁达的人生态度。高校可通过聘请科学家、创业成功者、企业家、投资人等校外专家学者兼职创新创业导师，帮助他们健康成长、成才，保证大学生能顺利、及时就业，促进高校就业工作和大学生思想政治教育工作的双丰收。

第二节　构建当代大学生就业创业育人新形式

一、"政校行企"就业创业理论依据及内涵

1971 年，德国物理学家赫尔曼·哈肯提出了系统协同思想，将自然科学领域的增效作用延伸到社会科学领域。他认为人类社会中的各种系统和事物

与自然界一样，都存在有序、无序的现象。一定的条件下，有序和无序之间会相互转化，无序就是混沌，有序就是协同，这是普遍规律。到 20 世纪 80 年代，协同的概念和相关理论的应用更加广泛，引起了强烈的社会反响。

协同效应泛指一切复杂开放系统中的元素之间、子系统之间相互作用而产生的整体效应。在任何一个系统中，不同的元素或者子系统之间总是相互联系、相辅相成的，这些相互影响的单元通过自组织的形式或者在外部因素的影响下，从混乱无序逐步走向稳定有序，进而产生整体效应大于各部分效应之和的效果。客观地讲，协同效应有两个方向：一个是正向的、积极的协同，即系统内的协同效应使得整体效能加速增强；另一个是负向的、消极的协同，即系统内的协同效应使得整体效能加速弱化。一般意义上，协同效应特指正向的、积极的效应。

协同效应在教育领域的运用就是通过搭建协同育人平台，充分发挥各类育人主体的作用，以求最大化教育工作效能，最终提高人才培养的质量。搭建协同育人平台可以是实体性的，也可以是非实体性的，关键在于依托该平台提高主体之间的协作效率。就高等教育领域的协同育人而言，可以理解为以协同体制机制创新为先导，完善高校人才培养机制，推动高校与政府、行业组织、企业等机构开展深度合作，通过建立教育联盟、实习基地、众创空间等平台，深度整合各类资源，充分凸显人才培养的协同效应，构建起多元主体共同参与的立体化人才培养模式。

从协同育人内涵分析可知，协同育人机制的构建应当把握三个要点：第一，提高人才培养质量是核心目标，育人工作是根本任务。"政校行企"协同育人的重点在于"协同"，出发点和落脚点在于"育人"，因此协同育人机制的构建要牢牢把握住"育人"这一根本导向。第二，强调"协同"建设，凸显协同效应。不论是通过何种形式、何种内容的协作，不论是搭建何种性质、何种规模的育人平台，都是为了实现人才培养"1+1＞2"的效果。第三，建立协作的长效机制。协同育人不同于以往的校企合作教育和产学研合作教育，它更加强调育人工作在整个系统中的地位，因此建立"政校行企"协同育人机制必须是稳定的、长期的、可持续发展的，短期性的合作行为不属于协同育人的范畴。

二、"政校行企"在育人新形式中的角色定位

政府的角色定位是协调者。政府是各方利益的协调者，是政策的建立者，也是在具体实施过程中的监督者。第一，统筹规划，营造协同育人的社会环境。政府要把大学生就业创业放在区域经济发展的宏观环境中进行考察、分析和梳理，将高校育人规律与社会经济发展规律结合起来，统筹规划高等教育与区域经济发展。一方面，要让高等教育发展真正立足于区域经济发展实际，为地区社会经济发展提供服务，其中重要的一项服务就是人力资源供给；另一方面，要强化行业、企业的社会责任，优化高等教育发展的外部环境，最终实现教育与经济的协同发展。第二，政策引导，强化校企合作。协同育人是一项多元主体共同参与的系统工程，在推进过程中，不同类型主体的价值追求、利益诉求都不尽相同。在这样的情况下，政府需要发挥政策制定职能，引导各主体协同配合，形成合力。第三，资源整合，搭建平台。大学生就业创业工作需要投入大量资源，如资金、人才、设备、项目、课程等，政府应当充分发挥资源配置职能，依据"政府专项、学校筹集、企业投入、自我造血"的原则筹措相关经费。此外，政府还应当主导协同育人平台的搭建工作，如教学资源平台、产学研合作平台、公共就业创业服务育人平台等的搭建，为"政校行企"协同育人大学生就业创业新格局提供全方位的服务和保障。

高校的角色定位是服务者。高校应当牢牢把握育人、服务社会这一根本任务，同时以强化社会服务来促进其与行业、企业的协同。第一，高校要走开放式办学的道路。高等教育工作者要勇于"走出去"，走出校门、走进市场、走进企业，积极主动地了解行业动态和企业需求，加强与行业组织的信息交流。第二，高校要提高社会服务能力。为社会提供服务一方面能提高高等教育资源的利用效率，为区域社会经济发展创造更大的社会价值和经济价值；

另一方面能强化高校与行业企业的联系，增强高校的社会吸引力，进而激发行业企业参与高校办学的动能。

行业组织的角色定位是引导者。行业组织是行业成员利益的代言人和维护者，同时充当行业成员之间、行业成员与其他社会组织以及机构之间的沟通者和协调者的角色。行业组织作为行业发展的主体，通常也是最了解本行业发展动态、技术前沿、内在运作规律及人才需求等信息的主体。因此行业组织要发挥自己的优势，积极协助政府部门，共同促进经济社会的发展，同时积极与各行业各企业交流，实时更新人才需求信息，与各高校进行交流与合作，为高校培养计划的制定和修改提供依据和方向。第一，行业组织应当成为政校行企协同育人的指导者。基于对行业发展现状和发展动态的深入了解，行业组织应对高校人才培养的规格、内容、方式、程序等方面给予专业的指导，这样能够显著提高高校专业建设和专业教育的适应性、针对性。第二，行业组织应当成为"政校行企"协同育人的服务者。行业组织的组织优势主要体现在其社会联系广泛、资源调动能力强等方面，借由行业组织提供的"媒介"服务，高校和企业在参与协同育人时都能更高效地找到合作目标，而借助行业组织的资源优势，校企双方能更快实施相关合作项目。第三，行业组织应当成为"政校行企"协同育人的评价者。行业组织充分掌握着行业信息，也清晰地了解行业的人才需求，因此相较于其他社会组织，可以更为科学地评价育人工作的成果。行业组织对协同育人工作的评价主要集中在人才培养质量、高校办学水平、校企合作质量等方面，通过行业组织的评价和反馈，能有效促进产教融合、协同育人各项工作的调整和优化。

企业的角色定位是参与者。企业在协同育人过程中作用的发挥，主要体现在四个方面：第一，高等教育办学主体。企业享有办学的权利，负有办学义务和承担办学责任，不论是大型企业还是中小微企业，都可以以灵活多样的手段和方式参与高等教育办学，如联合开办高校以及参与校企合作等。第二，高等教育投资主体。企业投资高等教育办学既包括直接的资金注入，也包括人力、物力等方面的投入。例如，企业既可以配置资金，与高等教育相关机构进行联合办学；也可以与高校签订协议，以生产车间和生产设备等资产的使用权折价入股高校；还可以与高校展开人才交流，将企业技术骨干和管理人员作为高校的师资力量参与教学等。第三，高等教育培养主体。企业不仅可以以资源要素投入的方式间接影响高校的人才培养过程，还可以作为培养主体直接参与高校的日常教学，如专业建设、课程开发、教学内容研究与探索选定等工作。在实践教学环节，企业还可以为学生提供实训场所和教学设施设备，将企业车间打造成高等教育技能实训基地。第四，高等教育管理主体。企业参与高等教育办学，理应介入高等教育治理体系，这既是保障企业自身权益的必要手段，也是提升高等教育治理水平的重要途径。企业管理人员及技术骨干积极参与高校管理决策，能帮助提升教学质量和效益，优化人才培养过程。

综上，"政校行企"四大角色要共同围绕大学生就业创业这一核心，主动肩负职责使命，不仅要在理念上形成以"人才培养"为核心的命运共同体，更重要的是在现实中形成行动共同体。

三、构建"政校行企"协同育人大学生就业创业新格局的思考

构建"政校行企"协同育人大学生就业创业新格局是深化我国高等教育改革创新、实现内涵式发展的必然选择。这种"松散而亲密的新格局"有助于实现行动主体之间的权力制衡、利益共享、风险共担，从而促进高等教育质量提升与服务能力增强，全面提升大学生人才培养质量，更好地服务学生的就业创业。

（一）推进基于认同的"政校行企"协同意识及行动

构建"政校行企"协同育人大学生就业创业新格局，需要遵循"共同体意识→共识→集体行动"的逻辑线路。第一，树立自觉的共同体意识。塑造"政校行企"协同育人大学生就业创业新格局意识是对高质量高等教育的美好期待与努力，是"政校行企"携手前行共命运的情感。现代社会分工越来越

细，主体专业化程度越来越高，一方面个体对他人或社会的依赖逐渐增强，另一方面个体也容易摆脱集体意识的束缚。因此，在提供高校教育产品或服务过程中，现代社会赋予"政校行企"不同的社会角色与功能，通过共同体意识的培养，打破传统的组织隔离与时空观念，促进社会人才培养教育一体化发展。第二，达成共识。共识是一种理性化的意向一致，需要经过"相互承认、反复沟通与理性取舍"三个环节方能达成。共识是以"政校行企"对高校教育产品或服务的彼此意向的相互承认为前提的。在此基础上，行动者就什么是好的高校教育以及如何提供好的教育进行反复沟通，并获得彼此意向之共性与差异的完整认识；理性取舍，包容差异，消除彼此关于高校教育共同行动的分歧，就此达成共识。第三，互动规范中开展集体行动。曼瑟尔·奥尔森认为，组织是在行动者的互动中自我构建而成的[①]，这种互动体现了合作与冲突、竞争与规制的关系。为确保"政校行企"协同行动、提供好的高校教育，政府需要制定行为规范与准则来约束行动者的行为。需要注意的是"政校行企"协同育人大学生就业创业新格局不存在单一垄断的公共权威，规范与准则制定需要考虑主体间的相互制衡。此外，遵循"辅助性原则"处理"政校行企"关系，高校与行业企业能解决的教育问题，不能一味推给政府。各行动主体充分调动其资源优势与行动优势，尽可能以低层次化解高校教育难题。

（二）加强"政校行企"协同行动的制度建设

制度"是一系列被制定出来的规则、服从程序和道德伦理的行为规范"[②]。"政校行企"协同育人大学生就业创业新格局的塑造既要加强正式制度建设，又要充分利用非正式制度的力量和意义。

1. 政府主导教育的政策制定

我国教育制度变迁始终以政府主导变迁为主，政府是多重角色的承担者，

---

① 奥尔森. 集体行动的逻辑［M］. 陈郁，郭宇峰，李崇新，译. 上海：格致出版社，2011.
② 诺思. 经济史中的结构与变迁［M］. 陈郁，罗华平，译. 上海：上海三联书店，1994.

既是制度制定与执行主体，也是社会发展的推动主体。加强产教融合、校企合作以及产学研用不单是教育领域与企业界的事情，更是国家发展战略中的重要内容，是推动经济转型发展、创新驱动、创建智能社会，实现社会和谐、稳定发展的重大举措。因此，政府应始终发挥主导作用，通过制定与完善相关法律法规和政策，切实保障、推进"政校行企"新格局建设。

2. 加强国家层面的制度建设

"政校行企"集合体是具有抽象性质的关系共同体，需要一整套制度来维系运转。一是完善教育法律法规及政策体系，以制度规范"政校行企"主体行为，为集体行动营造良好的社会氛围，提供具体的法律、法规保障及政策支持。二是完善政府的教育联席会议制度等，完善议事工作机制，建立公私合作、开放包容的多元办学格局。三是明确政府职能，肯定行业、企业参与教育的主体地位，发挥社会组织的参与、监督作用，通过制度约束个体行为。四是由传统科层管理向以效率为目的的现代治理变革和转型，建立多元、多维、多层的协同治理机制。

3. 重视非正式制度建设

"政校行企"协同行动受到非正式制度的影响，非正式制度是自发形成的传统伦理、习惯性规则和传统行为规范。一方面传承优秀传统，如历史上行业办学、厂内学徒培训等做法及政校结合的管理经验，解决目前高等教育培养人才无法满足岗位需求的问题；可以借助以往的合作传统，让作为非正式制度的传统实践发挥作用。另一方面尽可能避免消极影响。例如，我国存在的行业组织及其他社会组织力量偏弱、社会责任意识不强、高等教育参与不足的问题。

（三）推进管理体制改革，划分主体职责

管理体制改革是塑造"政校行企"协同育人大学生就业创业新格局的关键环节。从管理走向治理，划分主体治理职责，这不仅使新格局成为可能，并能切实推进其建设进程。

1. 推进高等教育管理体制改革

管理体制是管理系统的结构和组成方式，治理是管理理念的创新与丰富，主要体现在管理主体和向度的多元与多面。不同于传统的自上而下的科层管理，高等教育治理强调治理主体的多元化，鼓励"政校行企"等利益相关主体的广泛参与；不同主体之间双向或多向互动，在标准建设、教学实施、实习实践、创新创业等高等教育实践活动中构成复杂的网络治理结构。

2. 划分主体治理职责，构建合理利益机制

正确处理共同体中"政校行企"的关系，划分主体治理职责，以此来化解利益冲突。政府承担管理、监督与调控职能，学校与企业承担生产职能，行业组织代表行业承担服务、协调与管理职能。以个体之间普遍存在的价值共识为连接纽带，以"同理"作为道德，以"同利"作为目的，形成共同的利益和价值目标；建立共同的行为规范与行为准则，积极主动地促进倡导者（政府）、推动者（行业）、主导者（学校、企业）的有效合作。复杂性治理体系一方面积极促进治理主体多元化，允许"政校行企"的合作与参与，构建风险治理的职教体系；另一方面主张在治理主体之间构建复杂网络结构，以签署合作协议为纽带达成治理共识，建立灵活、动态的合作关系，从而提高治理效率。

参考文献

[1] 王庆洲. 大学生创业与就业指导[M]. 天津：天津科学技术出版社，2019.

[2] 张玉波，楼稚明. 大学生职业规划与就业创业指导［M］. 成都：电子科技大学出版社，2020.

[3] 杨必忠. 大学生职业生涯规划与就业创业教育［M］. 成都：电子科技大学出版社，2019.

[4] 顾定红，徐宏俊，孙蕾. 大学生职业规划与就业创业"5G"体验式教程［M］. 北京：北京理工大学出版社，2019.

[5] 刘玉光. 大学生基层就业典型人物事迹［M］. 北京：北京航空航天大学出版社，2021.

[6] 张雪松，朱辉荣. 创业进行时重庆市大学生创业典型案例集 2［M］. 重庆：重庆大学出版社，2021.

[7] 王昌贤. 大学生职业发展与就业指导［M］. 重庆：西南师范大学出版社，2018.

[8] 纪德尚. 大学生创业成功率与能力素质建设［M］. 北京：机械工业出版社，2022.

[9] 王云龙. 大学生创业基础［M］. 哈尔滨：哈尔滨工程大学出版社，2017.

[10] 张科. 大学生精准就业模式探索与实践［M］. 成都：西南交通大学出版社，2020.

[11] 孙耀威. 浅谈大学生就业心理分析［J］. 四川劳动保障，2023（4）：73.

[12] 刘玉威. 大学生创业精神培育的理论逻辑与实践路径［J］. 科技创业月刊，2023，36（4）：137-139.

[13] 付滢，徐晓英，吴海波. 高校大学生创业能力培养路径研究 [J]. 江西中医药大学学报，2023，35（2）：106-110.

[14] 夏筱月，刘轶涵，赵玉玫."双创"背景下金融科技助力大学生创业融资的创新研究 [J]. 科技和产业，2023，23（7）：157-162.

[15] 曹玮，张振良. 大学生就业心理资本现状分析和干预对策研究 [J]. 太原城市职业技术学院学报，2023（3）：116-118.

[16] 黄丽娟. 创新创业能力培养视角下的大学生就业指导模式构建 [J]. 就业与保障，2023（3）：127-129.

[17] 刘爽，刘淑媛."五育融合"背景下完善大学生创业教育的探讨 [J]. 吉林工商学院学报，2023，39（1）：116-118.

[18] 马良，甘崎旭. 大学生学历优势与创业决策——基于创业全过程的考察 [J]. 创新与创业教育，2023，14（1）：38-48.

[19] 张波. 以市场需求为导向的大学生就业创业能力培养 [J]. 就业与保障，2023（6）：31-33.

[20] 赵泽龙，王静. 思想政治教育融入大学生就业创业路径研究 [J]. 湖北开放职业学院学报，2023，36（11）：19-21.

[21] 李萌. 高校创业教育对大学生生涯适应力的影响研究 [D]. 太原：山西财经大学，2023.

[22] 李健. 新时代大学生就业观培育优化研究 [D]. 长春：东北师范大学，2022.

[23] 周凤仪. 马克思就业理论及其对新时代大学生就业的指导意义研究 [D]. 西安：西安理工大学，2022.

[24] 翁莉迎. 大学生创新创业教育成效研究 [D]. 广州：华南理工大学，2022.

[25] 关影. 大学生基层农村就业观存在的问题及对策研究 [D]. 天津：天津师范大学，2022.

[26] 吕林樨. 大学生心理资本对创业意向的影响研究 [D]. 长沙：中南林业

科技大学，2022.

[27] 张钰. 基于个人-组织匹配理论的大学生就业决策研究［D］. 聊城：聊城大学，2022.

[28] 杨宇鹏. 大学生创业价值观形成与高校创业教育路径研究［D］. 杭州：浙江大学，2022.

[29] 吕建勋. 大学生就业价值取向引导研究［D］. 长春：东北师范大学，2022.

[30] 李庆鹏. 大学生创业教育中的企业家精神培育研究［D］. 太原：山西财经大学，2022.